JN012633

中学受験国語
試験で点数を
取るための勉強法

神谷 璃玖

第一部　国語勉強法

第一章　知識力　20

■まえがき

たくさんの参考書がある中、本書を手に取って頂いてありがとうございます。

立ち読みをされている方は、前書きだけでも読んでみてください。

巷には、数多くの中学受験国語の本が存在します。

しかし、その多くが単なる解法の紹介や問題解説、一般論に終始しており、国語の成績を上げる具体的な方法まで解説されていません。

また、誤った勉強法や、非効率的な勉強法を書いている本も多く見られます。

一般的な国語本には、以下のような勉強法が頻繁に書かれています。

・本を読みましょう
・日記を書きましょう

・新聞を読みましょう
・親子で国語について意見交換をしましょう

こんな驚くような、アドバイスが書かれています。

無意味とは言いませんが、これらは非常に効率の悪い勉強法です。

中学受験国語で点数を取るためには、読書も日記も必要ありません。

国語力には、綺麗な文章を書く力や本を読んで味わう力などの「**本当の意味での国語力**」と入試で点数を取るための「**受験の点数のための国語力**」の2つが存在します。

「本当の意味での国語力」を上げるには、読書や日記も必要かもしれません。

しかし、私たちの目の前にあるのは中学受験です。

そんな綺麗ごとを言っている余裕はあるのでしょうか。

この本では、綺麗ごとは抜きにして「受験の点数のための国語力」を上げる方法について書いていきます。

■本書の構成と使い方

本書の構成と使い方について解説します。

第一部：国語勉強法

解法を紹介している参考書は多くあります。

しかし、単に解法を暗記しただけでは、お子さんに勉強を教えようにも、「この問題はこう解く！」という一方的な教え方しかできません。

分かりやすく教えるためには、原理原則の理解が必要不可欠です。

本書では

・文末が「～のだ」と書かれると、なぜ主張になるのか
・なぜ情景描写は心情を表しているのか

原理原則にまで踏み込んで解説しています。

また、解答力の章では、**実際の答案例を交えながら、非常に詳しく記述力を上げる方法について解説しています。**

さらに、**お子さんに国語を教える際のポイントや会話例・成績を上げる勉強法も随所で解説しています。**

中学受験国語については、これを読めば間違いないという内容になっています。

国語の成績を上げたいのなら、この章だけでも絶対に読んでください。

第二部：テキスト・過去問・模試の使い方

塾では「このテキスト解いてきてね！」「解き直しをしてきてね！」

こんな曖昧な指示が出されることが多いです。

しかし、どのテキストを優先すれば良いのかや、解き直しとは具体的に何をすれば良いのかまで説明されることは少ないです。

第二部では、教材を最大限に有効活用するために、テキストの取捨選択や過去問演習の仕方について解説しています。

特に、6年生の保護者の方には必見の内容です。

第三部：ケーススタディ（原因分析の思考）

国語学習における、よくある悩みについて、私の思考プロセスを解説しました。

ネットでは「国語の○○には、これが効果的だ！」なんて説明をしている記事をよく見ますが、本当でしょうか。そんな単純化できるはずがありません。

同じ悩みだとしても、根本原因はお子さんによって異なります。当然、対処の仕方もお子さんによって変わります。

例えば「時間が足りなくて解き終わりません！」という相談。

一般的には「時間配分を意識しましょう」というアドバイスがされています。

それは時間が足りないという、表面的な部分しか見ていません。

その根本原因が以下の2つによってアプローチは変わります。

・本文を読むスピードが遅いのか
・問題を解くのが遅いのか

さらに、その中でも本文を読むスピードが遅い場合でも

・純粋な読む速度の遅さなのか
・内容が理解できなくて返り読みをしているのか
・緩急をつけた読み方ができていないのか
・語彙力が足りないのか

ここまで細分化して分析することができます。

第三部を通じて「思考法」を学んで頂ければ、国語で悩んだ際に、ご自身で解決策を見つける

ことができるようになります。

魚を与えるのではなく、魚の釣り方を解説している章です。

本書には、私がこれまで国語講師として培ってきた指導のエッセンスを詰め込みました。皆さんの成績アップに少しでも役立てば、私にとってこれほど嬉しいことはないです。

ぜひ最後まで読んでください！

第一部

国語勉強法

他科目に比べ、国語の勉強法の言語化は難しいです。

そのためか、勉強の仕方が分からず、後回しにされることも多いようです。

さらに、巷では「国語はコスパが悪いので、他の科目を頑張りましょう」なんて言われています。

これには一理ありますが、一概に言えるものでもありません。

たしかに直前期の勉強としてのコスパは悪いです。
しかし、国語は力をつけるのは時間がかかりますが、一度考え方や解き方を身につければ忘れることはほとんどなく、大学受験まで使うことができます。
すぐに抜け落ちてしまう、社会や理科とどちらがコスパが良いのでしょうか。

また、国語は得点差がつきづらいのでコスパが悪いと言われることもありますが、一側面でしかありません。

AタイプやABタイプの学校であれば差がつかないことは多いですが、Bタイプの学校であれば十分に差がつきます。算数も確かに重要ですが、学校によっては国語が決め手になることもあります。

※Aタイプ：知識・選択問題中心
　Bタイプ：記述問題中心

国語は差がつかないと単純化できる訳ではなく、学校によるのです。
また、他の受験生が敬遠するからこそ、正しい勉強法を知れば差をつけることもできるはずです。

さて、国語学習の大切さを理解したところで、具体的な話に移りましょう。

国語には、３つの力があります。

知識力×読解力×解答力

この３つの中から、自分の足りない分野を分析し、補うことで点数は向上します。

それなのに、塾の先生に学習相談をしても「漢字を勉強しましょう」「語彙を増やしましょう」といった知識分野のアドバイスにとどまってしまい、読解力や解答力の上げ方についてまで教えてもらえることは少ないようです。

知識は確かに大切ですが、記述問題中心の学校を受験するご家庭にとっては「そうじゃないんだよな～」と思うはずでしょう。

さらに3つの力の中にも、7つの要素が存在します。

○知識力

・語彙・漢字

・背景知識

・読解のテーマ

○読解力

・読解の流れ

・読み方

○解答力

・解答パターンの把握

・解答に適した書き方

これほど多くの要素が絡んでいるのに、一般の参考書では、「読解力をつけるために――をしましょう」のような大雑把な話がされています。

本書では細分化して要素ごとに説明をしています。

「どの要素で」「何をすれば成績が上がるのか」が分かれば、効果的に成績を上げることができるはずです。

第一章：知識力

第一章では、知識力の２つの要素について、成績を向上させる方法を解説していきます。

読解力を身につけるにも、解答力を身につけるにも、まずは土台となる知識力がなければ話になりません。

知識力には、以下の３つの要素があり、それぞれ性質も勉強法も異なります。

1：語彙・漢字
2：背景知識
3：読解テーマ

まずは、語彙・漢字から見ていきましょう！

1：知識力（語彙・漢字）

国語の語彙・漢字、社会の用語……中学受験では大量の暗記が必要です。


「覚えられません」

「どうやって覚えたら良いですか？」

「塾の面談で語彙力が足りないと言われました」

こんなお悩みをよく頂きます。


有名な暗記方法としては「エビングハウスの忘却曲線（笑）」があります。

塾や学校で勧められることもあるようですが、これを実践できる小学生は、日本中にいると思いますか？

この方法では、1日以内、1週間以内、1か月以内に復習します。そうすると、今日は1ページ目、明日は1ページ目と2ページ目、3日目は2ページ目と3ページ目、1週間後には1ページ目と、6ページ目と、7ページ目と……

私なら3日目で訳が分からなくなります。非現実的かつ、ストレスフルな手法です。

そもそも、この復習スケジュールを管理するのは大人でも難しいでしょう。

どうすれば効率的に暗記をすることができるのか考えてみましょう。

まず前提として、暗記が得意でない生徒には2つ特徴があります。

一つ目は、圧倒的な物量不足です。

子どもに限らず「覚えられない〜！」と言っている日本人の99％は、物量不足です。

夜に暗記をした方が良いとか、口に出してやった方が良いとか、世間にはいろんな暗記方法はありますが、方法を工夫する以前に物量を増やさなければ話が始まりません。

結果を出す生徒は、恐ろしいくらい反復学習をしています。

私が以前教えていた生徒は、語彙の問題集をやり込み過ぎて、表紙が擦り切れてなくなっていて、背表紙も擦り切れてガムテープで補強するほどです。

表紙がピカピカのテキストを使っていながら「語彙が覚えられません〜」などと言うのはおかしな話ですね。

2つ目は、「覚えた」の基準が低いことです。

覚えたにも度合いがあります。

「なんとなく覚えた」と「絶対に覚えた」では意味が全く異なります。

「覚えた」の基準は1年後、2年後の入試で「絶対に覚えているか」です。

今勉強している知識事項は、入試で自信を持って覚えていると言えますか？

仮に入試まで覚えていたとしてもうろ覚えでは問題です。

実際の入試では時間は非常に限られています。読解に時間を割くために、知識問題は瞬殺する必要があります。思い出すのに時間がかかってしまっては意味がありません。

友人の講師が「知識事項は脊髄に叩き込む勢いで覚えないと意味がない」と言っていましたが、まさにその通りです。

まずは、以上の2点に該当していないかを振り返ってみてください。

これらは暗記方法以前の問題です。

そのうえで、この後に解説する具体的な覚え方のコツと知識ノートの作成を実践してみてください！

・覚え方のコツ

実践しやすい物に絞って、暗記のコツを３点紹介します

①「効率的に」大量反復する
②グループ化する
③理屈とストーリーを理解する

一つずつ見ていきましょう。

①「効率的に」大量反復する

先ほど述べたように、**成績の高い生徒と低い生徒ではこなしている量が圧倒的に違います。**

体感的には3倍は違いますし、これは間違った数字ではないと思います。


まずは、書いて覚えることを止めてください。


漢字であろうと用語であろうと、書いてはいけません。

「書く」代わりに「見る」ことをしましょう。

例えば「征夷大将軍」という用語があったとしたら、1回書く間に、5回見ることができます。

1回書き取りをする間に、5回は見られます。1回書く定着度を10としたときに、見る定着度を半分の5としましょう。書いた場合10ですが、見れば25定着しますよね。


「書く」ことより、反復回数によって長期記憶への移行が決まることは科学的にも明らかになっています。


ただし、絶対に書いてはいけない訳ではありません。

テスト前の最後の確認として、難しい漢字を間違っていないかなど、細かい抜け漏れの確認のため書くことは問題ありません。

これは最後の確認でしかないので、日々の練習の中で書く必要はありません。

次に、非効率的な行為は避けましょう。

これらの行為は勉強している気持ちにはなりますが、暗記においては意味がありません。

一番非効率的なのが、悩む時間や思い出そうとしている時間です。

分からない問題があれば、2秒で答えを見てください。

一つ例を見てみましょう。

問：他人の誤った行動も自分の参考になるという意味の慣用句はなんですか？

「他山の石」を思い出すのに2秒以上かかった場合、それは覚えていないのと同じです。

「覚えた」の基準は1年後、2年後の入試で「絶対に覚えているか」です。

「頑張って思い出せた」は気持ちは良いですが、そこで時間を使うくらいなら、すぐに答えを見て反復回数を増やすのが効率的な学習ですね。

また、世間では語彙力を増やすうえで、紙の辞書を引くことが推奨されていますが、これも非効率的だと言えます。

電子辞書かネット検索の方が、はるかに効率的です。

入試まで時間があって、国語以外の科目が仕上がっていて、国語だけに大量に時間を割くことができるなら良いでしょう。

しかし、なかなかそんな子はいません。


紙の辞書を引くメリットとして、よく言われるものとしては以下の2点です。

・他の言葉が目に入るので語彙が広がる
・書き込みができる

まず、辞書に書き込みをしたとしても、見直さないです。

せいぜい数か月に1回程度です。

また、他の言葉が目に入ったとしても、それがどう入試に役に立つのでしょうか。

そもそも、周辺の他の言葉に興味を惹かれるほど国語に前向きで、学習意欲が高いのでしょうか。

さらに言うなら、本棚から辞書を引っ張り出してきて、索引を引くだけでも時間のロスです。

電子辞書にも書き込みはできるし、ネット検索でも検索候補の他の言葉も目に入ります。

紙の辞書を使うのが好きならば構いませんが、反復回数を増やすという点では非効率的と言えますね。

②グループ化する

似ている言葉を同じグループとしてまとめる手法です。

聞いたことがある方も多いのではないでしょうか。

有名ですが、中学受験の学習においては、効果的に使われることは少ないです。

例えば「胸おどる・胸をなでおろす・気がふさぐ・ほっとする・悦に入る・絶望・せつない」のように気持ち言葉が並んでいた時、一つずつバラバラに覚えるのは効率が悪いですよね。

これを覚えやすいようにグループ化して

嬉しい気持ち……胸おどる・悦に入る
悲しい気持ち……せつない・気がふさぐ
安心する気持ち……胸をなでおろす・ほっとする

このように、単語を結び付けてあげると、覚えやすくなります。

一問一答で覚えるのも良いのですが、**それぞれの語彙が有機的に結びつくと、より記憶に定着しやすくなります。**


これは勉強を教える際にも、非常に使い勝手が良いです。

例えば「端午の節句」が出てきたら
「他にどんな節句があったかな～？」

と問いかけて、似たような言葉の幅を広げてあげましょう。

特に、**季節の言葉・身体表現が入った言葉・類義語・対義語などの言葉は、積極的に「他にどんな言葉があるのかな？」と問いかけてあげましょう。**

「肩透かし」という言葉が出てきたとしましょう。

「肩を使った言葉って、他にどんなのがあったかな？」

「似た意味の言葉って、他にどんなのがあったかな？」

こんな風に問いかけてあげて

似た意味の言葉で「期待外れ」「当てが外れる」「見込み違い」「目算が外れる」
形が似た言葉で「肩の荷が下りる」「肩で風を切る」「肩入れする」
なんて言葉も一緒に覚えきってしまいたいですね。

親御さんが教えるのが難しければ、**お子さんが学習する場合に、関連する言葉を一緒に確認してあげるだけでも変わるはずです。**

グルーピングは語彙だけではなく、物語文の記述で、気持ち言葉を区別する際にも応用できます。


問：運動が苦手な太郎君が一年間毎日必死に練習して、マラソン大会で優勝しました。「最も適切な」気持ち言葉はなんでしょうか？

「嬉しい」だと思った方いませんか？？

これでは△です。

1年間必死に練習したわけですから、それを踏まえて「**感動**」のような強いプラスの表現が最も適切でしょう。

気持ち言葉にはグラデーションがあります。中学受験では、それを正確に区別することが求められます。

特に上位校ほど、微妙な気持ち言葉の区別に敏感です。

それには「この問題は、この気持ち言葉が正解だった！」のような一問ごとの正解に注目していては限界があります。

感情のグループごとに、体系立てて覚えてあげましょう。

例えば、以下のようにグルーピングしてあげます。

・プラスの感情グループ　：嬉しい↓満足↓感動
・マイナスの感情グループ：悲しい↓失望↓絶望

前記のように、気持ちの度合いも含めて覚えてあげると、一気に気持ち言葉の使い分けがしやすくなりますね。

高学年であれば、さらに細分化して伝えてあげると良いですね。

例えば、プラスの気持ちの中でも、やる気になった場合であれば

意気込む→奮起する→決意・決心する

このように分けることができますね。

とはいえ、いきなりこういった体系を作るのは大変だと思います。

まずは、復習の際に模範解答と自分の答案を見比べて、自分が書けなかった気持ち言葉について調べるところから始めましょう。

入試に出題される気持ち言葉は限られているので、これを続けるだけでも十分に力はつくはずです。

③ 理屈とストーリーで覚える

囲碁や将棋のプロ棋士は、対局中の何百手という手順を数か月後、人によっては数年後まで覚えていることが可能です。

私自身、囲碁を嗜むのですが、数日後までなら記憶しています。

一般的に見たら、凄い記憶力に思えるかもしれません。しかし、特別凄いことではありません。訓練すれば誰でもできるようになります。

それは、ストーリーのように理解しているからです。

全ての着手において、前の着手に関連した意味づけがされています。

そのため、一手目さえ思い出すことができれば、そこから先はすべてつながっているので芋づる式に思い出すことができます。

映画の題名を言われれば、かなり前に見たものでも、あらすじは簡単に思い出せますよね。

そんな感覚です。

また、幼児教育で有名な七田式の記憶法でも、ストーリー記憶によって意味づけをして記憶力を訓練していることは有名ですね。

特に、歴史においては、意味づけができているかが暗記量の差に顕著に表れます。
歴史とは、古代から近代まで全てが一本の紐のようにつながってできています。
その流れを途切れさせずに覚えられるかが肝要です。

一番分かりやすい例が語呂合わせです。

問：鎌倉幕府が成立したのは何年でしょう？
解答：１１９２年（もしくは１１８５年）

みなさん、良い国（１１９２）作ろう鎌倉幕府って覚えているのではないでしょうか。

問：室町幕府が成立したのは何年でしょうか？
解答：１３３８年

これを覚えてる人は、鎌倉幕府よりずっと少ないはずです。
なぜかというと、鎌倉幕府の年号はゴロという意味づけを伴って覚えていたからです。
意味づけをすることで、飛躍的に記憶力は伸びます。
ここにストーリーを付け加えると、さらに記憶しやすくなります。

先ほどの室町幕府の年号も以下のように伝えるとどうでしょうか。

「戦いでは武士たちが活躍したのに、後醍醐天皇が武士ではなく公家中心の政治を行って、武士たちはどう思ったと思う?」

「怒る!」

「そこで足利尊氏が怒って京都に乗り込んだんだ、その後何したと思う?」

「戦い?」

「そう! 戦いで勝って、後醍醐天皇を追い出し、京都(みやこ)で幕府を開いたんだ。都で開いた幕府なので、1338(いざみやこ)で幕府を開こうとなり室町幕府が成立しました。」

こんな感じで鎌倉幕府の時代からのストーリー(鎌倉幕府の倒幕に武士が活躍したのに十分に遇されなかった)も踏まえた語呂合わせを伝えられると、非常に理解しやすく記憶に残りやすいですね。

国語の知識においても、熟語などの由来を説明して覚えてもらうのは勿論です。

読解においても、例えば論説文の構成を説明する際に

・なぜ一般論が書かれているのか
・なぜ「抽象→具体→抽象」の繰り返しになるのか

このような**基本的な理屈から理解することで定着しやすくなります。**

どんな科目でも、学問である以上、一定の体系に基づいたストーリーや意味が存在します。
そこにそって理解していくと、格段に記憶しやすくなります。

ただし、ストーリーや意味が存在しないものもあります。

例えば、衆議院の定員数に意味を求めても仕方ないです。
ひたすらに反復して覚えるべきものと、意味を求めるものをしっかり区別してあげましょう。

●知識ノートの作成

国語の知識事項をまとめたノートを作りましょう。

作るのに時間がかかることや、情報が分散して学習効率が落ちることから、ノートを作るのは勧めていないのですが、国語の知識ノートは別です。

以下の4点は塾のテキストや問題集への書き込みだけでは、補いきれないからです。

イ　論説文で出てきた語彙・トピック
ロ　記述問題で使えそうな言葉
ハ　その学校特有の知識
ニ　漢字の間違い

順番に見ていきましょう。

イ　論説文で出てきた語彙・トピック

論説文のトピックは無数にあります。当然、塾のテキストや問題集のみで全てをカバーすることはできません。

例えば、芝の2022年には「形式知」と「暗黙知」について出題されましたが、多くの塾の語彙問題集には載っていないでしょう。

こういった知識は、自分でノートを作って書き込むしかありません。ノートを作ったところで、同じトピックが出題されるとは限りません。また、トピックを知らないと絶対に問題が解けない訳ではありません。

しかし、**関連テーマが出題された場合には、知っている方が断然有利になるので、地道に作り続けることをオススメします。**

□ 記述問題で使えそうな言葉

大人と子どもでは、同じ方向性で答案を作ったとしても、精度が変わります。

その一因は語彙力です。同じようにマイナスの気持ちでも、単純に「悲しい」と表現するのか、深くまで読み取り「切ない」「辛い」など、**場面に合わせて適切な言葉を補えるかが、レベルの高い答案を書くためには必要です。**

こういった記述で使える語彙力は、普通に勉強していてもなかなか身につきません。

記述独特の表現として「死を悼む」や「やるせない」などがあります。こういった言葉は、聞けば意味が分かるかもしれませんが、普段から意識してメモをしていないと記述で使えるレベルまでには定着しません。

模範解答には、高度な語彙を使い過ぎて参考にならないものも多いですが、良い言葉を使っているものも多いです。
模範解答や授業で出てきた言葉から「これ使えそう！」と思った語彙は、どんどんメモしましょう。

ハ　その学校特有の知識

志望校が癖の強い出題をする場合は、重点的に特有の知識を準備しましょう。

例えば、慶應中等部では、非常に深い部分まで文学史を深掘りしてきます。これは塾のテキストだけでは補いきれない部分もあります。過去問を見ると分かりますが、小学生が知るはずもないような知識が問われます。

一つ過去問を見てみましょう。

格差社会やワーキングプアの問題を背景として、困難な労働者の姿を描いた作品（　）が二〇〇八年にわかに注目され、書店でも売れ筋になった作品はどれか。

選択肢　1「セロ弾きのゴーシュ」　2「吾輩は猫である」　3「蜘蛛の糸」
4「蟹工船」　5「黒い雨」（２００９中等部　改）

答えは4です。1～3までは有名作品なので、簡単に消去できます。しかし、4と5から絞り込むのは小学生には大変です。「黒い雨」から原爆だと想像すると消去できますが、思いつきづらいですね。

『蟹工船』という作品名までは知っていたとしても、その内容まで小学生に問うのかと思いました。

こういった文学史の問題は対策しなければ解くことはできません。抑え

対策としては、**分からない問題が出てきたら、その周辺知識・外れの選択肢も含めてメモしておくことです。**

例えば芥川龍之介の作品「杜子春」が分からなかったとしましょう。

まずは、芥川龍之介の他の作品について押さえます。それだけではなく、芥川龍之介と親交の深かった菊池寛や、芥川賞・直木賞についても押さえておくなど、周辺知識まで含めて対策をしてあげましょう。

同じ問題は二度と出ませんが、似たような問題や関連知識は出る可能性があります。

二　漢字の間違い

よく相談されるのが、漢字自体は覚えているんだけど、部首の書き方などの細かい部分で塾のテストでは減点されてしまうという悩みです。

Ｔｗｉｔｔｅｒでも大手塾の採点の厳しさが話題になっているのを頻繁に目にします。

一部の塾の採点基準は厳しすぎると思います。

例えば、以前私が出会った講師だと、心の２つ目と３つ目の点は、ハネより左と右に一つずつと指摘している講師がいました。絶対に本番の採点基準に関係ありません。

他にも、女の２画目はつき出すように指導すると言っていましたが、常用漢字表の字体に関する解説ではどちらでも良いとされています。

受験でもつき出そうと、つき出さなかろうと、減点される可能性は低いです。

厳しくする分には構わないだろうという判断でしょうが、明らかに本番の採点基準と異なる基準で採点するのはいかがなものでしょうか。

同じようなことは、どの塾でも起こります。

開き直って無視してしまうのも一手です。しかし、減点され続けるのは精神衛生上良くないのでどうにかしたいですね。

対策としては、指摘された間違いをまとめることです。

多くの場合、部首の書き方を指摘されるはずです。
例えば、女へんは2画目を少し突き出す、土へんはきちんと右上に上げる、こざとへんは少し空ける、しんにょうは離さないなど、の指摘が多いでしょう。

部首で間違えるパターンなんて、全部で30パターンもありません。

間違えるたびに書いてまとめておくと、半年もすれば失点はなくなります。
こんな簡単にできることなのに、ほとんどの生徒はやらないので簡単に授業点を稼げてお得な分野だと思います。
ちなみに、あまりに採点基準が厳しすぎる場合は、直接講師に相談するか、気にしないというのも一手です。

✲コラム：算数のパターン暗記

私は算数の講師ではないのですが、なるほどと思った勉強法があったので紹介だけします。大学受験の話になるのですが、私の京都大学に合格した知人に非常に数学が得意な方がいました。

その方が、やっていたのが数学の問題を眺めることです。

模試や問題集で解けなかった問題を裁断して、クリップで止めて、分野ごとに一冊にまとめて、ひたすらそれを眺めるのです。

まさか、そんなことで成績が伸びる訳ない！　と思ったでしょうか？

しかし、実際にそれで成果を残している人がいるのも事実です。

思考力が必要と言われる科目であっても、入試に出て来る問題は一定のパターンしかないという証左です。

算数の先生にこの勉強法について話を聞いてみたところ、以下のように話していました。

小学生は大人が思う以上に「見たことあるパターンに帰着させること」が苦手です。

大人には、算数が苦手な子は、何回も同じような問題を間違えているように見えます。しかし、子どもは、問題をパターンとして認識することが苦手なため、毎回初見の問題を解くような感覚で臨むことになってしまいます。

大人と比べて具体→抽象のパターン化や体系化が非常に苦手だという子どもの特性を踏まえると、有意義な手法と言えると思います。

リスクとして、パターンを意識せずただ単に問題を暗記しようとしてしまうことは考えられます。

それさえクリアできれば非常に有効な手法です。

もちろん、正攻法で合格できるならそれが一番です。

しかし、「極端に算数が苦手でどうにかしたい!」という方は、**パターンを意識することだけでも、試してみる価値はあるはずです。**

2：知識力（背景知識）

背景知識を持たないまま読解を進めては、同じ文章を読んでも、全く感じ方が変わってきてしまい、誤った本文理解をしてしまいます。


直接的に問われることは少ないですが、正確な答案を作るために背景知識は大切な要素です。

2つ問題を見てみましょう。

あらすじ：アスパラは私のいとこです。アスパラの両親は離婚し、母親と祖父母と暮らしてしていましたが、その母親も失踪してしまいました。以下は、アスパラと私と私の父親と回転寿司に行った場面の抜粋です。

アスパラは卵の皿にばかり手を伸ばした。

「なんで卵ばっかり？」とわたしは聞いた。わたしは自分が取ったイクラやウニやアナゴの皿から「食べなよ」と、一つをアスパラの皿に移してあげた。

「えー」と、そのたびに困ったように口の中で言ってから、アスパラは箸でおずおずと寿司をつまみ、口に運んだ。食べ終えると、「うん、おいしい」と言った。

（2015年駒場東邦より改変）『くもりときどき晴レル』所収「アスパラ」岩瀬成子著 より）

問題：アスパラはなぜ卵ばかり食べているのですか？

ここで小学生は「**卵が好きだから！**」と答えます。

非常に分かりやすく、素直な答えです。


それ以外でも考えられる答えは、どんなものがあるでしょうか？

「**高いものを食べることを遠慮しているから**」です。

回転寿司で安いネタと言えば、卵か巻物です。

しかし、小学生には思いつきづらく、特に中学受験をするような家庭であれば尚更、どのネタが安いかまでは分からないものです。


また、両親が離婚した家庭では、貧しい暮らしをしているというのは中学受験の頻出パターンです。

アスパラのように母親までもが失踪してしまっていては、尚更です。

このことからも安い卵ばかり食べている理由が補強できます。

私の父親に遠慮して、卵以外の高級なネタを頼むことができなかったのでしょう。

作者に質問することはできないので、正解は分かりません。

とはいえ、後者のような**俯瞰（ふかん）的な捉え方が中学受験国語では求められます**。

実際、本文を通してアスパラは、常に周囲の顔色を伺っている人物として描かれています。

この問題における正解は、後者になるでしょう。

似たような例で、戦時中にすいとんばかり食べていた場面があります。

塾のテキストでも取り上げられることが多い場面ですが、理由を聞くと「**すいとんが好きだから！**」と答える生徒が一定数います。

「そんな馬鹿な！」と思うかもしれませんが、小学6年生でもそう答える生徒は一定数います。

当然、答えは「**戦争で食べるものがないから**」ですよね。

貧乏系は現代の小学生には馴染みがないので、イメージが難しいです。

中学受験生であれば「掘っ立て小屋、バラック、六畳一間」などのフレーズで、即座に貧乏は連想できるように知識を入れておきたいですね。

もう1つ見てみましょう。

あらすじ：私の家族と隣の家族は、私が隣の家を歩いてる途中でドブに落ちたことをきっかけに仲良くなりました。隣の家には、マミーと呼ばれる三宅夫人（アメリカ生まれの日系二世）とダディーと呼ばれる三宅さんと順ちゃんが住んでいます。以下は、日本本土にまで空襲が本格的になる中での防空演習での一場面です。

防空演習に出て、いじ悪い日本人たちのさし図で、マミーが屋根の上に乗せられ、よくまわらない口で、「敵機二機東方上空にあらわれ……」とやらされるのを見て、私の母は怒ってしまった。（２０１６年　駒場東邦問題文より改変）『においのカゴ』所収「春のあらし」石井桃子著　より）

問：私の母はなぜ怒ったのでしょうか？

よくある答えは「**屋根の上が危ないから**」です。

これでは不十分ですよね。

背景知識を踏まえて、考えてみましょう。

戦時中には、日本国内にいるアメリカ人に対する排斥運動がありました。日系二世のマミーも排斥の対象になっていると考えられます。

答えは「**アメリカの血を引くマミーへ、嫌がらせとしてアメリカ航空機の偵察をさせたことが許せなかったから。**」になります。

※危ないという要素もプラスで書くのは構いません。
背景知識があれば簡単に分かりますが、知識がないと、頓珍漢(とんちんかん)な解釈をしてしまいます。特に上位校ほど、こういった背景知識を持っている前提で、問題が作られています。


対策としては、**4、5年生のうちに、入試に出そうな分野の映画を見ることです。**

戦争~高度経済成長期の理解には「火垂るの墓」「風立ちぬ」「ALWAYS三丁目の夕日」

男子小学生向けに恋愛系の作品には「耳をすませば」「君の名は」が定番でしょう。


難関中学になるほど、異なる他者への理解を重視します。

そのため、異なる時代や、異なる他者に対する理解が深まる作品を中心に選んであげると良いですね。

逆に、SFは低学年で好奇心を広げるには良いと思いますが、入試では出題がごくまれなので国語の対策には不適です。

しかし「もう6年生だから、映画を見ている余裕がない!」というご家庭も多いでしょう。


その場合には、一文単位で知識事項の確認を行うことが必要です。

5年生までは、講師や生徒が音読を行い、一文単位で知識事項の確認が行われていますが、6年生ではあまり行われません。

お子さんにテキストの理解できない部分に線を引いてもらい、さらに保護者もきちんとテキストを読み込んで、子どもの常識と異なりそうな箇所があれば、補足して教えてあげましょう。

「そこまでするの？」と思うのかもしれませんが、6年生から巻き返そうとするのであれば相応の苦労は必要になります。

3：読解知識（読解テーマ）

国語の文章にはテーマやメッセージが込められています。
入試の問題に使うわけですから、それは教育的なものになります。
代表的なテーマとしては
論説文では「自然↕文明」「異文化理解」「コミュニケーション」
小説文では「友情」「親子の愛」「善と悪」「恋愛」
などが挙げられます。

事前にテーマへの理解や知識があるかどうかで、問題の解きやすさは変わります。

また、少し古いデータですが「２００７年度では頻出の10個のテーマで68・２％もの入試問題を網羅しています。」（中学受験必ず出てくる国語のテーマ　小泉浩明著　ダイヤモンド社より引用）

出題されるテーマも決まっているのに、これを対策しない手はありません。

例えば「親子の愛」がテーマであれば

・親が嫌いだった

⇦　父親の愛情を感じた

・親を好きになる

前記のような流れが多いです。

入試問題で親がお酒とパチンコが大好きで、さらにろくでもない部分を知って嫌いになったなんて出しづらいですよね。

テーマとしては、親の愛情に気づいたり、絆が深まる方向になるはずです。

※もちろん、プラス↓マイナスに向かう問題も存在しますが、多くはプラスに向かいます。

親がろくでもない人間だったパターンでも

・親がろくでもない

⇦　支えてくれる親戚のおじさんと出会う

・親から独立して自分の人生を歩む

このように自立をテーマにして、マイナスからプラスに向かうことが、ほとんどです。

このテーマ性を意識するだけで、読みやすさが大きく変わります。

「離婚」「戦争」といった複雑なテーマは、小学生には想像し難く、予備知識がなければ解けません。

テーマに対する知識や予定調和の流れを教えておくことが必要です。


特に難関校頻出の「本文全体を踏まえなさい」系の問題では、テーマを知り意識することで、圧倒的に解きやすくなります。


対策としては、**お子さんにテーマ理解の大切さを理解してもらうことです。**

多くのお子さんは、その一問の解き方に意識がいってしまい、本文全体のテーマにまで意識がいきません。

そのため、塾や家庭教師の先生が、テーマの話をしても聞き流してしまいます。


まずは授業でテーマについてしっかり聞いて理解する。

次に、家できちんと復習することです。

テキストやノートにテーマをまとめるのも良いでしょう。

知識ノートや後述する間違い直しにまとめても構いません。

テキスト番号：６番
テーマ：自然と人間
説明：人間は文明の発達により自然を支配したと思っているが、それは勘違いである。無理に支配しようとしたことで、公害や感染症といった形で歪みが表れている。人間もあくまで自然の一部であることを忘れない謙虚な姿勢を持つことが大切だ。

入試に出るテーマはある程度決まっています。続けていければ文章が格段に読みやすくなります。

とはいえ、現実的にまとめるのが難しい場合もあるはずです。

まずは、**夕食を食べているときに、今日の授業で扱った文章のテーマについてお子さんに説明してもらうことから始めてください**。

ほとんどのお子さんが、本文の具体例に終始してしまうはずです。話ができても要約までで、テーマまでは理解しきれていないはずです。

そこで保護者の方がテーマや背景について補足してあげられると良いですね。

また、入試頻出テーマをまとめた本やプリントを手に入れてしまうのも手っ取り早いです。四谷大塚の予習シリーズのような、メジャーな塾のテキストを使用していれば、まとめられているページがあるはずです。

第二章：読解力

読解力には２つの要素があります。

1：読解の流れ
2：読み方

これらを意識するだけで、グッと読解がしやすくなります。

1：読解の流れ

まずは、読解の流れから見ていきましょう。

本文には決まった流れがあります。

論説文であれば
序論：導入・問題提起
本論：一般論↕筆者の主張

結論：筆者の主張（結論）
この流れの中で具体と抽象を行き来しています。
例えば、以下の文章を例にして考えてみましょう。

> 電車の中で、お年寄りに席を譲らない若者を見かけた。その時には、お年寄りに席を譲らないのはありえないことだと感じた。
> しかし、本当にその考え方は正しいのだろうか。
> 席を譲ることは、その人の運動の機会を奪うことでもある。時間の多くを家の中で過ごすお年寄りに対して、外で立つという貴重な運動の機会を奪ってよいのだろうか。
> 簡単に席を譲るべきではないと思う。

流れは以下の通りです。

序論：電車の中で、お年寄りに席を譲らない若者を見かけた
本論：足腰の不自由なお年寄りに席を譲らないのはありえない（一般論）↕しかし、お年寄り席を譲ることは運動の機会を奪うことだ（筆者の主張）
結論：簡単に席を譲ってはいけない

背景知識と同じで、読解の流れを知るか知らないかで大きく読みやすさが変わります。

読みながら、「ここはまだ序論の部分だな」とか、「ここで一般論が出てきたということは、この意見は否定されるんだろうな」とか意識しながら読めると、筆者の主張もとらえやすくなります。

この文章であれば、お年寄りに席を譲るという意見は当然のもの（一般論）として読むわけです。


しかし、それだけでは、当たり前すぎて面白くありません。

入試の問題では一般論に反する文章（例：お年寄りに席を譲る必要はない）や筆者独自の主張が含まれた文章（例：お年寄り専用車両を作るべきだ）が出題されやすいです。

今回も読みながら「筆者は譲るべきじゃないというスタンスなのかな？」などと次の展開を推測できるわけです。

短文なので、あまりピンとこないかもしれませんが、次の展開を予測できるかできないかで、読み方の精度は大きく変わります。特に、難しい文章が出題された場合には、本文を純粋に読み解くだけではなく、流れから内容を推測することも求められます。

物語文でも同様に決まった流れがあります。

マイナスの状況・気持ちor日常
⇦ 出来事（問題・困難・試練・葛藤）
プラスの状況・気持ち（成長）

例えば、以下の文章を例に考えてみましょう。
紙面の都合上、要約のみ記載です。

> 僕らの方が先にいたのに、中学生たちに空き地を奪われた。後輩たちの手前もあり、抗議しようと思ったが、情けないことに怖くて何も言えなかった。その話を祖母にしたところ、優しく励ましてくれた。これからは困難な状況にも立ち向かうことを決意した。
>
> （開成２００９年　改変）『約束』榊邦彦著　より

マイナスの状況：空き地で遊んでいたら中学生に奪われた
⇦ 出来事：おばあちゃんに励まされた
プラスの状況：これからは勇気を持って活きると決意した

先のテーマの話しで触れたように、プラス↓マイナスになる文章もあるのですが、そういった後ろ向きな文章が出されることは少ないです。

さて、なぜ決まった流れがあるのでしょうか？

世の中を探せば、形式に沿わない文章は簡単に見つかります。

作問の都合上、ある程度の長さである程度のオチがある文章を抜粋する必要があるので、自然とその構成は似てきます。

また、論説文では筆者が自身の主張に説得力を持たせるため、小説文では読者の感動を喚起するために、有効な型が長い時間をかけて確立されてきました。そのため、入試にでるような含蓄のある文章は、この型に沿って書かれることが多いです。

なにより、適切に受験生の学力を測ることが目的なので、型に沿わない奇をてらった文章を使う必要はありません。

決まった流れを知り、本文の構造を把握すれば、問題も解きやすくなりますね。

次に、説明的文章と文学的文章に分けて、具体的な読み方のテクニックを見てみましょう。

2：読み方（物語文・論説文）

論説文と物語文では、解答に求められる性質が異なります。

論説文の難しさは、難しいものを正確に読み取り表現する点です。

誰が読もうと解釈に差は生じづらいため、理解度を問う試験になります。

一方、物語文の難しさは、解答を一意に定める点です。

本文自体を読み取る難易度は低い場合が多いですが、複数の解釈が生じえます。

誰が読んでも納得できるように論理的に推測する力を問う試験です。

それぞれの特性に応じた注目すべきポイントを意識すると読みやすくなります。

1 論説文の読み方

論説文は、筆者の主張とそれを支える論理で構成されています。

この論理構造を把握することが論説文読解の目的です。

それでは、筆者の主張を把握するための具体的な読み方のポイントを見てみましょう。

筆者の主張を捉える

「文章の最終段落には、筆者の主張が書かれているから大切です」

と言われたことは皆さんもあるでしょう。

主張については、ご存じの通り最終段落に書かれていることが多いです。より正確に表現するのなら、最後の意味段落です。

しかし、最後の段落を読んでいれば解けるほど入試問題は単純ではありません。

もう少し詳しく、主張の見分け方を見てみましょう。

2つ判断方法が存在します。

① 文末に注目する

イ 直接的主張

「～のです・～と思う・～である・～だ・～べきだ」のような思考を表現する言葉や、強い言い切り（＝筆者が強く言いたい部分）は主張になります。

大人であれば、このように説明すれば簡単に理解できますね。お子さんに伝える際にはもう少し工夫をしましょう。

しかし、子どもの頭は「なんで？」でいっぱいです。
口には出さずとも「なんで？」と思っています。

大人からしたら、主張になるのは当たり前過ぎて伝え方に困りますね。
どうやって説明したら納得してくれるでしょうか。

例えば、以下のように質問してみます。

なぜ「〜です」でも良いのに、筆者はあえて「〜のです」と「の」を入れてるんだろうね。「の」があることで、どういう印象を受ける？

言語化は上手くできなくとも「強調」に近しい返事は返ってくるはずです。
そこで、強調するということは、筆者が大事だと思っているところだから主張になるよね。
とまで説明してあげると、多くのお子さんは納得してくれます。

これでも理解しきれないかもしれません。

その場合は、お子さんが書いた作文などを使って、文末にどんな表現を使っているか一緒に見てみると良いでしょう。

□ 問題提起・疑問文

塾では問題提起は大事だよと機械的に教えることもあるようですが、**筆者の主張を間接的に読み取ることができるため重要だと言えます。**

例えば、「国語教育はこのままで良いのだろうか」と書かれていれば筆者の主張は「このままではダメだ」「もっとこうするべきだ」という話になるはずです。

「〜か」とあれば、チェックしましょう。

2点目は、内容から判断する方法です。

今読んでいる文、あるいは意味段落は、文章全体の中でどういう役割を果たしているかというメタ的な視点が求められます。

これはテクニックとして「こうすれば良い！」というものではなく、時間をかけて次に述べるように文章構造の把握をすることが必要です。

②構造を意識して（塊で）読む

主張と、それを支える論理を把握することが論説文の肝です。

先に述べた主張のとらえ方は、ただのテクニックにすぎません。文末を確認して主張を読み取るというのは、健全な読み方ではありません。

構造が意識できると、論理が分かり、付随して主張についても分かるというのが、正しい理解の仕方です。

また、解答の際にも、構造が理解できていると、簡単に読むべき範囲を絞り込めるようになります。

先ほど、文章には決まった流れがあると書きましたが、その中にも構造が存在します。

分かりやすい例では「第一に〜、第二に〜」という書き方をしていれば、第一の理由の塊・第二の理由の塊として存在しています。

また、本論の中でも、筆者の理由となる部分、対比になる部分、まとめの部分など論理関係が存在します。

これを意識して読むと、論説文の骨組みが見えるようになり、内容の把握も容易になります。

意識すべきポイントは4点です。

イ　数詞を意識する

これは簡単です。

「第一に〜、第二に〜」「一つ目は〜、二つ目は〜」

こういう書き方をしていれば、それらは並列されている訳で、同じ粒度の話だと理解できます。

ロ　接続語を意識する

接続語とは、論理関係を表す言葉です。

当然、接続語が理解できれば、論理構造の把握は容易になります。
皆さんも接続語は大切だと、子供の頃から言われてきたことでしょう。
お子さんも塾で散々言われているはずです。

それなのに、なぜ苦労する受験生が多いのでしょうか。

ここでクイズです。
「また」と「または」の違いはなんでしょうか？
ぜひ手を止めて考えてみてください。

答えは、並列か選択かです。
・AまたBで並列
例：国語が得意で、また算数も得意だ。
・AまたはBで選択
例：国語または算数の勉強をする。

英語で考えると、「また」は「ａｎｄ」、「または」は「ｏｒ」になり、論理関係が全く異なります。
それなのに、「また」と「または」の違いは？　と聞かれると多くの受験生が言葉につまってしまいます。

接続語を理解できているつもりでも、正確に意味を把握できていないのです。

塾のテキストに接続語の用法が載っているはずなので、それを徹底的に頭に叩き込むところから始めましょう。

また、接続語に慣れないうちは、「つまり」のようなまとめ部分は＝の印をつける、しかしのような逆接は△、そしてのような順接は↓など、主要な接続語だけでよいので、印を使い分ける訓練をするのも有効です。

ハ　具体と抽象を意識する

これだけは、一概にこうしたら分かるとは言えません。

文章は抽象↓具体↓抽象とサンドイッチのように繰り返されています。

抽象には主張があり、それを読者に説明するために具体が存在します。

いきなり「電車でお年寄りに席を譲るべきではない」と主張されたらどうでしょうか。納得するのは難しいはずです。

これに「先日電車に載っていた際に若者から席を譲られた。年寄りとして扱われたと感じて、嫌だった。」というような、具体的なエピソードを加えると説得力が増します。

具体例をとらえることで、主張がどのように補強されるかが分かるようになります。

具体例を捉えるに際には、**具体と抽象とは相対的であることに注意しましょう。**

例えば、犬は、動物との比較では具体となりますが、マルチーズと比較すれば抽象的になります。これは、一朝一夕には身につきません。

訓練方法としては、親御さんが教える場合には、実際にここまでが具体例で、ここから抽象など逐一確認して伝えます。

お子さんが自分で勉強する際には、テキストの具体例の部分に印をつけてみてください。

二　意味段落を意識する

形式段落ではなく、意味段落でとらえる訓練をしましょう。

区切り方は問題によっていろいろあるのですが、まずは序論・本論・結論で３つに区切るところから練習すると良いでしょう。

それがある程度できるようになれば、そこからさらに論の変わり目で区切る練習をしましょう。論の変わり目は、絶対にこうしなさいという切り方はなく、文章に応じて変化します。

論の変わり目での区切り方が分からなければ、３つに区切る練習をするだけでも十分な力がつくはずです。

これらのポイントを全て実践し骨子を掴む練習をすれば、必ず論説文の成績は上がります。

2 物語文の読み方

「物語文を読むときに注意するべきは人・場面・気持ちの三点になります。」

これらは設問に必ず関係してきますし、物語文の基本中の基本です。

これはどこの塾でも教えているはずなのに、意外とできていないのです。

例えば「人に印をつけてください」と言うと、単純に名前に印をつける生徒が非常に多いです。

この三点のフレーズばかり有名になりすぎて、実際の中身や、なぜその部分に印をつけるのかまで伝えられていないようです。

お子さんに伝える際には、きちんと中身や理由まで伝えてあげてくださいね。

① 人

登場人物を把握しなければ、読解はできません。

チェックするポイントとしては、名前・人物同士の関係性・性格などが代表的な要素になります。

特に、性格は設問に絡みやすいので注意しましょう。主人公と対照的な性格を持った人物が登場し、考え方・感じ方の違いを問う問題が頻繁に出題されます。

直接的に前後の話だけを読んでいては、性格や特性を踏まえて解かせる問題において高得点を取ることはできません。

さらに、余裕があれば、**文章全体を通じてどういうキャラクターとして描かれているかまで意識しましょう**。冒頭部分で、人に関連する情報は直接書かれています。

しかし、文章全体を通じて、作者が描きたいキャラクターが見えてくる場合もあります。

文章を読み終わった時に、改めてキャラクターを考えてみると、問題が解きやすくなるはずです。

また、あらすじを流し読みする受験生が多いのですが、あらすじとは必要だからわざわざ付け加えているわけで、この部分に人に関連する重要な事柄が述べられていることも強調しておきます。

②　場面

論説文の意味段落のようなイメージです。

先に述べたように物語文にも決まった流れがあり、それにそって出題がなされます。

場面の変わり目と流れの転換点は一致していることが多く、大切なヒントになります。

一番多いのが「時・場所」です。「次の日」「子どもの頃は～」「教室に行くと」「家に帰ると～」など、冒頭部分に注意して印をつけましょう。

注意するべきは、機械的に作業をしないことです。

フレーズに注意することは大切ですが、内容を考えていなければ意味がありません。

特に、4、5年生では場面分けになれていないため、場面の変わり目ではないのに、言葉に引っ張られて区切ってしまうことが多いです。

そういった場合に教える際は**「今ってどこにいるんだっけ？」「この行の時って、時間は前と後どっち？」など問いかけて、気づきを促してあげましょう。**

③ 気持ち

他者理解は、中学受験における大きなテーマの一つです。

出題者としては、それを確認する上で、気持ちが理解できているかは問いたくなるところでしょう。

しかし、気持ちは見えないものなので、推測するしかありません。
推測するために注目するポイントは以下の４点です。

イ　直接表現
ロ　行動・動作・態度
ハ　会話
ニ　情景描写

一つずつ見ていきましょう。

イ　直接表現

これは分かりやすいです。
「怒った、悲しんだ、喜んだ」など直接的に気持ちを表現している部分です。
しかし、入試問題で直接気持ちが書かれている部分を問うのは、簡単すぎます。

また、直接気持ちが書かれていては、考えずとも探せば解けてしまうので、他者理解を問うという観点からも不適です。

以下の、3つの点から気持ちを推測することに、物語文の妙味があります。

ロ　行動・動作・態度

行動・動作・態度から、登場人物の気持ちを問う問題は頻繁に出題されます。

気持ちを読み取るためのポイントは以下の2点です。

①　頻出の慣用句と気持ちを覚える

行動・動作・態度は慣用句や比喩表現で表されることが多いです。

例えば

「父は堪忍袋の緒が切れた」とあれば、怒り

「私は口をとがらせた」とあれば、不満

こんな風に気持ちが読み取れますね。

頻出の慣用句については公式みたいに覚えてしまいましょう。

例えば、「口をとがらせた」に線が引いてあれば、文末に「不満な気持ち」と書くだけで、確実に点数がきます。しかも、物語文において気持ちは解答の軸なので、高い配点が期待できます。

まずは、**塾のテキストで出題された慣用句について、気持ちをメモするところから始めましょう。**

② 文脈から推測する

「父は口をとがらせていた」とあれば、不満だと簡単に読み取れますね。

では「父は腕組みをしていた」とあれば、どのような気持ちが考えられますか？

これは複数考えられます。

不満・不安・怒り・警戒など、どれか一つに絞ることはできず、文脈からしか判断することができません。

これより前に、「父は怒鳴っていた」と書かれているのであれば、怒りで正解でしょう。

「父は仕事で失敗した」と書かれていれば、悩んでいるが正解でしょう。


会話文も同じですが、行動・動作・態度のみから読み取るのではなく、前後の関係から論理的に推測することを意識しましょう。

教える際には「他にも気持ちは考えられないかな？」「どこから、その気持ちだと思ったの？」などと問いかけながら、正しい気持ちを判断できるように促してあげましょう。

ハ 会話

会話文から気持ちを読み取る問題は、非常によく狙われます。

特に、**傍線部の前後の会話文は解答に絡むことが非常に多いです。**

注意するべきは、会話と気持ちが逆になっているパターンです。


まず簡単な例を見てみましょう。

太郎は花子に向かって「あんたなんか大っ嫌い！」と叫びました。

問：この時に花子は太郎に対してどのような感情を抱いていますか？

①本当に嫌い
②実は好き

この2パターンが考えられます。
もう一問見てみましょうか。

主人公の家は貧しく、ボロボロのズックを使い続けてきました。遠足のために新しいズックを買ってくれと母親にせがんでいましたが、一向に買ってきてくれません。以下、母親がボロボロになったズックをぬって、遠足当日の主人公に渡した場面です。

ボロボロだけど、前のズックよりはよっぽどましだし、なんだかうれしい気がして、母親に何か言いたくなった。土間におろして、そろえながら、「ちょっとカッコ悪いなァ」と言って、笑って見せた。「なんもカッコ悪いことがあるもんか」背中の方から聞こえてきた母親の言葉のおわりが、かすかに震えているようだった。

（２０２１年開成より改変※一部、原文を改めた箇所があります）
（『銀のうさぎ』最上一平著・新日本出版社 より）

問：主人公と母親のセリフから、それぞれの気持ちはどのように捉えられますか？言葉をそのまま解釈した場合と、言葉の裏にある気持ちを考えた場合で2パターンずつ考えてみてください。

答えは、それぞれ以下のようになります。

・主人公
①ズックがボロボロで嫌がっている
②ズックはボロボロだが嬉しい
・母親
①自分が作ったズックをけなされて不満を抱いている
②ボロボロのズックしか渡せず情けない

・主人公：「笑って見せた」の部分から、本当に嫌がっているのではなく、照れ隠しのためにけなした
・母親：ズックがボロボロであることや、「言葉のおわりが、かすかに声が震えているようだった。」の部分を踏まえ、家が貧乏なために、息子にズック一つ満足に渡すことができず、情けなさを感じていて、それを隠している。

当然、前者のように考えて、この場合には②が正解の解釈になるでしょう。

行動・動作・態度と同じように、気持ちと言葉は必ずしも一致する訳ではありません。本当の気持ちは、前後の論理関係から判断するしかありません。

入試問題では、往々にしてそのような部分を問います。

実生活では素直な心を大切にして欲しいですが、入試問題では言葉をそのまま受け取らないようにしましょう。

行動・動作・態度と同じように、根拠と論理性を明確にして判断することを伝えてあげてください。

二　情景描写

これは一番読み取りが難しいですね。

それだからこそ、難関校で狙われます。

しかし、普通に考えて「土砂降りの雨は、主人公の憂鬱な気持ちを表している」「綺麗な夕日が見えているのは、前向きな気持ちを表している」なんて変な話です。

お子さんに「こんなのこじつけじゃないの？」と言われたら、なんて説明しますか？

「こういうもんだから」と言うのはいけません。冒頭で述べたように国語は原理原則の理解が大切です。

誰が言っていたのか忘れましたが、これを説明する際に「**筆者は神様だから**」と説明してる先生がいました。

それを聞いて「なるほどなぁ」と感心したものです。

もう少し詳しく説明しましょう。

物語文の作者は、人の心を揺さぶるような作品を書きたいと思っているはずです。

物語文で起こった事実だけを述べるのであれば、A４用紙２枚もあれば事足ります。しかし、それでは全く面白くないですね。

そのために、**様々な表現技法を用いながら、読者の心をなるべく大きく揺さぶるように工夫をこらして作品を作るのです。**

そう考えると、情景描写というのは、主人公の気持ちに連動するものだと納得できませんか？

例えば、以下の２つの文を見てみましょう。

・太郎は頑張ろうと思った。

・明るい夕空の紺青を仰ぎ、太郎は頑張ろうと思った。

この2つでは、全く気持ちの伝わり具合が変わりますよね。

後者のように情景描写を交えた方が、より前向きな気持ちが伝わってくる感じがしませんか？

では、少し表現を変えて、以下のするとどうでしょう。

・血を塗りこめたような不気味な夕焼けの中、太郎は頑張ろうと思った。

なんか不気味ですよね。

太郎の状況が良くないことや、この後に何か良くないことを予感させます。

単純に前向きな気持ちと捉えるのではなく、一工夫必要になりそうです。

書き方としては「不安な気持ちを押し殺している」「無理に前向きな気持ちになろうとしている」などが考えられますね。

こんな風に、**筆者は情景を操ることで、登場人物の気持ちを効果的に増幅させたり、変化させたりしているのです。**

読み取りのコツとしては流れを意識することと、微妙な表現に注意することです。

先に述べたように、物語文には決まった流れがあります。情景描写についても、流れから何を表しているか、ある程度想像をすることができます。

また、前で見たように、**情景描写は微妙な表現の違いで大きく気持ちが変わります。**
まず、プラスかマイナスで大きく捉えて、その後に最も適切な気持ち言葉が何かを吟味する練習をしましょう。

有名なものだと、「夕日＝前向きな気持ち」がありますが、公式化して全部覚えるのは大変です。前に述べたコツを意識して、解いてもらうと非常に見分けやすいです。

3 随筆文の読み方

随筆文が頻繁に出題される学校は少ないことや、物語文や論説文と共通する部分も多いので簡単なコツを書きました。

随筆文は大きく2パターンに分かれます。

・文学的随筆
・説明的随筆

両者で意識するポイントはそれぞれ上に書いた通りです。
随筆文で特別に気を付けるべきは、以下の３点を区別することです。

・筆者の主張
・体験
・感想

随筆文は筆者の体験談をもとに書かれていますね。
例えば
今日の朝電車に乗って、会社へ行った（筆者の体験）
これはそれほど重要ではありません。感想を加えてみましょう。
今日の朝電車に乗って、会社へ行ったが、電車で若者がお年寄りに席を譲っていなかった。（筆者の体験）
非常に見ていて、イライラした。（筆者の感想）
少し見え方が変わりませんか。

次は意見を付け加えるとどうでしょうか。
今日の朝電車に乗って、会社へ出かけたのだが、電車で若者がお年寄りに席を譲っていなかった。(筆者の体験)
非常に見ていて、イライラした。(筆者の感想)
日本の学校教育では、もっと目上の人に対する態度を教えるべきだ。(筆者の主張)
ここで筆者が最も言いたいことはなんでしょうか？
日本の学校教育では、もっと目上の人に対する態度を教えるべきだ。
ここの部分ですよね当然。意見の部分が設問に絡む確率は高くなります。
ただし、**小学生は意識して読まないと、体験はまだ分かりますが、感想と意見をごちゃまぜにしてしまいがちです。逐一、どれに分類されるのか確認してあげましょう。**
論説文でも共通して言えますが、特に随筆文では区別を意識することが大切です。
また回想が多いため、場面分けの際には時系列に注意することも付け加えておきます。

●音読

読解スピードを上げるために、多くの塾でも音読は推奨されています。
それなのに、音読は疎かにされがちです。

「小学生の頃やったけど、あんまり効果を感じなかった！」と思う方も多いかもしれません。

意外と音読は大切なものです。

まずは、音読のメリットについて考えてみましょう。

自分がどの言葉で躓（つまづ）いているのか理解できます。

問題を解くためには「読む」ことが必要です。しかし、小学生は難しい言葉が出て来ると「見る」ことをします。

以下の文章を例にしてみましょう。

> メロスは激怒した。必ず、かの邪智暴虐の王を除かなければならぬと決意した。メロスには政治がわからぬ。メロスは、村の牧人である。笛を吹き、羊と遊んで暮して来た。けれども邪悪に対しては、人一倍に敏感であった。きょう未明メロスは村を出発し、野を越え山越え、十里はなれた此このシラクスの市にやって来た。
>
> 『走れメロス』太宰治著　より

「激怒・邪知暴虐・牧人・邪悪。此この」など、難しい言葉が多く出てきます。黙読の場合、こういった言葉を見ると、小学生は「**読む**」のを止めます。なんとなく目で追うだけです。

「どんな内容だった？」と聞いても

「メロスが出てきた！」くらいの答えしか返ってこないでしょう。

これでは、何が分からないのかすら分かりません。

しかし、音読をすると、嫌でも一語ずつ読まなければいけなくなります。

自分の分からない言葉を把握し、調べることで、読解力だけでなく語彙力も向上させることができます。

また、**音読をすると、言葉を塊として捉えられるようになります。**

私たち大人は、この文章をスラスラと読むことが可能です。しかし、小学生は、つっかえながら読むことになります。

それは、言葉を塊ではなく、1文字づつ読んでいるからです。

例えば、大人は「邪知暴虐の王」は一つの単語として認識できますが、子どもの場合は邪・知・暴・虐・の・王と1文字づつ読んでいます。

大人：必ず／かの邪智暴虐の王を／除かなければならぬ／と決意した。
子ども：必ず／かの／邪／智／暴／虐／の／王／を／除かなければ／ならぬ／と／決意／した。

こういう言葉の塊の感覚は、音読を通じて文や言葉の切れ目を体感することでしか身につけられません。

音読により自分の分からない言葉を把握し、言葉を塊として捉えられれば、読解における正確性とスピードが格段にアップします。

地道なトレーニングではありますが、続ける価値はあります。

では、具体的なやり方について見ていきましょう。

音読をするときのポイント

① 早く・抑揚をつけて読む

文字認識の速度を上げることが目的です。

ただ漫然と読んでいては、意味がありません。

目標タイムを決めて、毎回時間を計りながら読んであげると効果的です。

ただし、早く読むことだけを目的にして、抑揚もつけずに読んでしまっては効果は薄れます。日本語を塊として捉えることが目的なので、抑揚をつけて文の単語ごとの存在や切れ目を意識するようにしてあげましょう。

② 親御さんが聞いてあげる

音読は続けることで効果が表れます。しかし、お子さんに「やっといてね!」と任せていては、面倒になって止めてしまいます。

可能な限り、親御さんが横にいて聞いてあげましょう。


理由としては2点あります。

第一にモチベーションの維持です。

1人で音読するのは非常にさみしいです。誰か聞いてくれる人がいるだけでモチベーションになります。**国語の授業の日の夜は一緒に音読をするなど、ルーティンを決めて習慣化しましょう。**ただ横で聞いているだけではなく、テキストをコピーするかテキストを一緒に見ながら、聞いてあげるとなお良いですね。

第二に語彙のサポートです。

音読に慣れるまでは、自分が何が分かっていて何が分かっていないのか判断がつきません。つっかえた箇所や難しい語彙が出てきた箇所で、「これってどんな意味だっけ？」と問いかけてあげて、一緒に分からない言葉を調べてあげましょう。

また、**意味はなんとなく分かってもイメージがつかないものは、画像検索して見せてあげると、より理解が深まります。**

例えば「囲炉裏」や「土間」は物語文にしばしば登場しますが、小学生からしてみれば何のことだか分かりません。映像的なイメージを持つことで、文章が読みやすくなります。

とはいえ、音読が重要なのは5年生までです。

6年生になれば、それよりも演習量を増やす方が優先度が高いです。国語が苦手ではない場合は、音読を打ち切り、黙読に切り替えてしまって問題ありません。

●読解力（応用）：140字要約

小学6年生で、国語が得意なお子さんにのみ、おススメします。

題名の通り、論説文を１４０字で要約します。


読み方の部分で述べましたが、**論説文の根幹は論理構造の読み取りです。**


１４０字要約は、これを把握するために最適です。

１４０字という限られた字数であるため、文章の構造と要旨を適切に読み取る必要があり、読解能力が鍛えられます。また、記述問題においても、具体と抽象のバランスを適切に述べることができるようになります。


物語文においても要約をしても良いですが、「本文全体を踏まえて書きなさい」系の出題が毎年されるような学校でなければ優先順位は低いです。

また、物語文は構造の読み取り自体は簡単なので、場面分けさえできれば、論説文ほど必要なものではありません。

試してみると、国語が得意なお子さんでも、具体的な文や要旨を外れた部分を書いてくることが多いです。

実際にやってみましょう。

頭のいい人は、言わば富士のすそ野まで来て、そこから頂上をながめただけで、それで富士の全体をのみ込んで東京へ引き返すという心配がある。富士はやはり登ってみなければわからない。

頭のいい人は見通しがきくだけに、あらゆる道筋の前途の難関が見渡される。少なくも自分でそういう気がする。そのためにややもすると前進する勇気を阻喪しやすい。頭の悪い人は前途に霧がかかっているためにかえって楽観的である。そうして難関に出会っても存外どうにかしてそれを切り抜けて行く。どうにも抜けられない難関というのはきわめてまれだからである。

それで、研学の徒はあまり頭のいい先生にうっかり助言を請うてはいけない。きっと前途に重畳する難関を一つ一つしらみつぶしに枚挙されてそうして自分のせっかく楽しみにしている企図の絶望を宣告されるからである。委細かまわず着手してみると存外指摘された難関は楽に始末がついて、指摘されなかった意外な難点に出会うこともある。

（出典：『科学者とあたま』寺田寅彦著・平凡社　より）

問：この文章を１４０字で要約しなさい。

メモ用紙で構いませんので一度書いてみてください！

要約の目的とは、具体と抽象の区別を付けて、筆者の主張が捉えられるようになることです。

少し、頭の中のイメージを表してみましょう。

頭のいい人は、言わば富士のすそ野まで来て、そこから頂上をながめただけで、それで富士の全体をのみ込んで東京へ引き返すという心配がある。富士はやはり登ってみなければわからない。

➡具体例（当然これは使う優先順位は低いですね）

頭のいい人は見通しがきくだけに、あらゆる道筋の前途の難関が見渡される。

（少なくも自分でそういう気がする。そのためにややもすると前進する勇気を阻喪しやすい。）

➡補足説明

↕（頭のいい人と悪い人で対比になっていることが分かりますね。わざわざ対比で説明していると いうことは、重要な要素だと推測できます。）

頭の悪い人は前途に霧がかかっているためにかえって楽観的である。

（そうして難関に出会っても存外どうにかしてそれを切り抜けて行く。どうにも抜けられない難関 というのはきわめてまれだからである。）

➡補足説明

それで、研学の徒はあまり頭のいい先生にうっかり助言を請うてはいけない。

（きっと前途に重畳する難関を一つ一つしらみつぶしに枚挙されてそうして自分のせっかく楽しみにしている企図の絶望を宣告されるからである。委細かまわず着手してみると存外指摘された難関は楽に始末がついて、指摘されなかった意外な難点に出会うこともある。）

⬇補足説明

この中で、一番伝えたいメッセージはどこだと思いますか？

「研学の徒はあまり頭のいい先生にうっかり助言を請うてはいけない。」

ここの部分だと思った方は多いのではないでしょうか？

前の部分で、頭の良い人悪い人の話をして、それを基にして導いているので、ここが筆者の一番言いたい箇所だと考えるのが自然な流れです。

このメッセージの理由として

- **頭のいい人は見通しがきくだけに、あらゆる道筋の前途の難関が見渡される。**
- **頭の悪い人は前途に霧がかかっているためにかえって楽観的である。**

この2文が主張されています。

前記の部分をまとめて要約すると

> 解答例：頭のいい人は見通しがきくため、先にある様々な困難を予想してしまい、研究を進める意欲を失う。一方、頭の悪い人は見通しがきかないため、研究の先になにがあるか予想できず楽観的に研究を進め成功することが多い。そのため、研究に励む人は頭の良い先生に助言を求めてはいけない。（131字）

このように書いた人が多いのではないでしょうか？

しかし、実は筆者の主張とズレています。

それで、研学の徒はあまり頭のいい先生にうっかり助言を請うてはいけない。

ここが本当に一番伝えたいメッセージなのでしょうか？

この話までに筆者が話していたのは、研究者として向いている人やどうあるべきかと言う話です。

どういった先生に助言を請うかは、さして重要ではないと思います。

委細かまわず着手してみると存外指摘された難関は楽に始末がついて、指摘されなかった意外な難点に出会うこともある。

一番はここの部分でしょう。

まずは難しいことを考えずに、やってみることが大切である。と筆者は主張したかったはずです。

それならば、研究者としてのあり方を語っていた前半の部分との整合性も取れますね。

解答例：頭のいい人は見通しを立てられるため、先にある困難を予想し、研究を進める意欲を失う。一方で、頭の悪い人は見通しが立てられないため、楽観的に研究を進め、かえって成功することが多い。頭のいい人の予想も必ず当たるわけではないので、まずは愚直に研究を進める事が大事である。（134字）

正解はこのようになります。いかがでしたでしょうか？

たった400字程度の短い文章でしたが、筆者の主張を正確に把握し、要約するのは大人でもかなり骨が折れるはずです。

これを繰り返せば、かならず力がつきます。ぜひ実践してみてください。

※要約の採点については親御さんができるなら、やっても構いません。

一番良いのは塾の先生に見て貰うことです。「国語力を伸ばしたくて、テキストの要約をやりたいんですが授業前後で見て貰えませんか？」とお願いすれば、熱意のある講師であればNoとは言わないはずです。

✿コラム：読書をしても成績は上がりません

「国語の成績を上げるには本を読みましょう」という記事をよく見ます。塾の先生から、アドバイスされた経験のある方も多いのではないでしょう。

非常に無責任なアドバイスです。

受験国語の読解の仕方と普段の読書では読む題材も、読み方も全く異なります。

受験国語に出てくる文章は、大人向けに書かれた文章が出題されることが多いです。

小学生に「読書をしよう」と言って、岩波新書や筑摩書房の本を読むでしょうか。読む子もいるとは思いますが、ごく少数ですし、そのレベルの本が日常的に読みこなせるような子はそもそも国語が苦手ではありません。

普通の小学生に読書をしようと言ったところで、多くは児童文学、せいぜい大衆小説です。

小学生が楽しく読める範囲の本を読んでいても、受験国語には大して役に立ちません。

少しくらい難しい本を読んだとしても、それが受験で問われやすいテーマとも限りません。

読み慣れることで文字認識のスピードは上がるとは言えますが、それも受験国語で求められるメインの力ではありません。塾で出される文章も毎回音読していれば、文字認識のスピードで苦労することもないでしょう。

また、読書の読み方と受験国語では読み方が全く異なります。

読書をする際には、なんとなく読んでいる場合が大半です。

大人であっても、線を引きながらじっくりと難しい内容を考えながら読むという読書の仕方をするのは少数でしょう。小学生なら尚更です。

各段落ごとに、ここでの中心文はどれかか、具体↕抽象の関係はどうなってるのか考えながら読まないですよね。

受験国語にだけ取り組んでくれれば、十分に成果は出ます。

こういう話をすると

「読書は素晴らしいものなのに、それを否定するのか」

「自分は読書を沢山していたから、国語は勉強しなくてもできた」

みたいなことを言われることがあります。

無意味だとは思いません。

読みたいのなら、読めば良いですし、読書は人生を豊かにします。

低学年や卒業後などの時期の受験に関係ない、純粋な読書は推奨します。


受験国語の対策としては、勉強のコスパが悪いというだけです。

コスパが悪いだけなので、閾値を超えれば、国語の成績に成果は出るとは思います。

体感ですが、500冊ほど大人向けの本を読むと、相当中学受験の国語が解きやすくなります。

しかし、これは現実的ではありません。


他にも「データを見ると、読書量が多い子ほど、国語の成績が高いという傾向がある」とよく言われています。

それは因果関係ではなく、相関関係です。

「読書をした→成績が上がる」ではなく、それぞれ独立の事象として存在します。

読書をする子は好奇心が旺盛である傾向が強いから、成績の高い傾向が強いだけです。

原因は好奇心旺盛という部分にあります。

同じ仕組みとしては、習い事をしたから成績が上がるという話です。これも相関関係に過ぎません。

「習い事をする↓成績が上がる」ではなく、習い事をしていると忍耐力ややり抜く力がつく。それにより、成績があがるという因果関係です。

第三章：解答力（物語文・論説文）

解答で一番大切なことはなんでしょうか。

私は、出題者の論理に沿うことだと考えています。

国語というのは非常におかしな科目です。

「傍線部での太郎の気持ちを答えよ」と問われた場合、気持ちの解釈は人それぞれで、絶対的な答えが存在するはずがありません。

本来解答が一つに定まるはずがないものを聞いているのです。

しかし、入試問題というのは解答を一つに定める必要があります。

そこで求められるのは、どう感じたかではなく、論理に沿って解答を作成することです。感じ方は人によって異なりますが、論理は誰でも同じです。

答案を添削していると、心の綺麗な解答や想像力豊かな解答を見かけます。

「人間としては良い解答だなぁ」と感心しつつ、0点にします。

入試では、文学的才能や心の綺麗さは一切問われません。そういう能力は学校の自由作文で発揮してください。

そこで、論理的思考力を身につけましょうと言われるのですが、これも大変でしょう。大人でも論理的思考力が十分に備わっていない人はたくさんいるのに、それを小学生に求めるのは大変です。

それであれば、解答のパターンを覚えてしまった方が早いです。

入試問題での問われ方は大体決まっています。パターンごとに、論理的な解答の考え方と型を覚えてしまうのが、点数を取るうえでは効率が良いでしょう。

今回は非常によく出ている問われ方について、基本4パターン＋特殊パターンに分けて解説しました。また、記述問題の点数向上のポイントについても詳細に解説しています。

もちろんパターンの例外は存在しますし、複合的な場合も存在します。

また、ここに書かれているのは、聞き方で分類した形式的な分類方法です。

本質的には、その問題が何を聞いているのかに注目して、メタ的な分類をするべきです。しかし、それは入試に合格する上では不要であり、まずは聞かれ方にのみに着目して考える方が点数が取れるはずです。

国語の問題の95％は、この分類にあてはまります。

あくまで今回は方法論の解説ですので、塾のテキストや問題集で実践し、トライアンドエラーを繰り返してみてください。

●前提確認：解答のための手順

解答パターンを解説する前に、前提として解答手順を確認しておきましょう。

国語が苦手だと言っているお子さんの8割は「解答力以前の解答手順」が身についていません。解

き方を学ぶ以前の話です。

集団授業では生徒一人一人が解答手順を守って解いているか確認するのは困難です。ぜひご家庭で解答手順を守れているか確認してみてください。

①「何を」「どのよう」に答えるかに線を引く

当たり前過ぎるくらい当たり前ですが、本当に本当に線を引かないお子さんが多いです。

国語が苦手なお子さんほど、こういった基本が疎かになっています。

線を引いていなければ、以下のような問題に一発で引っかかってしまいます。

例：「この時」とはどのような時ですか？**三十字以内で具体的に**答えなさい。

例：この詩はいくつの連からできていますか？漢数字で答えなさい

特に、具体的にとか、漢数字でとか、普段と異なる指定がされた際に、間違えやすいです。

5年生までだと、上位クラスの生徒でも頻繁に引っかかります。

理由を聞かれているのか、気持ちを聞かれているのか、どのような形式で答えるのか。

ここを間違えた瞬間に0点です。

いかに基礎が大事かが分かりますね。

ちなみに「いくら言っても、線を引こうとしないんです」と相談されることも多いですが、正しい線の引き方を知らない場合が多いです。

例えば「大事なところに線を引きなさい！」と言われても小学生には分かりません。「大事なところって何？」となってしまいます。

もう少し詳しく「主張に線を引きなさい」と言ってもまだ分かりません。「主張って何？」となってしまいます。

「主張とは筆者の一番言いたいところで、～のだ・～である・～思う・～考えるのような文末になるよ」と説明して、初めて線が引けるようになります。

私であれば、さらに深掘りして「なぜ～のだと文末につくと主張になるのか」まで説明します。

小学生の視点に合わせて説明するようにしましょう。

②解答の材料を探す

何を答えるかが分かれば、次に解答要素を探します。

この探す際にも、闇雲に探すのではなく、どの辺に書いてあるのかあたりをつけてから探しましょう。

多くの場合は、傍線部の周辺に書かれていますが、遠くにある場合もあります。遠くにある場合には、どの辺に書いてあるか論理的に推測しましょう。

国語の問題は視力の良さを問う試験ではなく、論理を問う試験です。

どこに書いてあるのかは、文章構造から推測可能です。

解答の材料を見つけたら、線を引きましょう。

「この辺に書いてあるから大丈夫」「なんかこれっぽい」で書き始めることのないように。線を引いて、どの材料を使って答案を作るか明確にしてから解き始めましょう。

③適切な論理で答案を構築する

答案を作る際には、材料を適切にまとめ上げる必要があります。

日本語は結論や重要なことを後に書く言語だということに注意が必要です。

一つ例を見てみましょう。

> 転校してきたばかりの太郎君が教室で泣いていました。不思議に思った二郎君が声をかけると、転校前の学校で仲良かった友達と喧嘩したと教えてくれました。
>
> 問：傍線部で太郎君はどんな気持ちですか？

一番大切なことは問われていることなので、気持ちです。

次に大切なことは、それを説明する理由。その次に背景となります。

答案で述べる順番は、「背景（転校してきたばかりである）↓理由（前の学校で仲良かった友達と喧嘩した）↓気持ち（泣いている↓寂しい・心細い）」の流れになります。

しかし、本文の順序は「背景（転校してきたばかりである）↓気持ち（泣いている↓寂しい・心細い）↓理由（実は、前の学校で仲良かった友達と喧嘩した）」という流れでなので、答案とは異なります。

これを頭の中で再構築する必要があり、小学生には非常に難しいです。無理やり要素をつなげようとして、論理関係が分からない答案になってしまいがちです。

最初のうちは、簡単で良いのでメモ書きを作ってから答案を作りましょう。

・転校
・泣いてる→寂しい
・友達と喧嘩

この程度の一言のメモ書きで構いません。

要素の抜け漏れや、書く順番について簡単に整理できます。

これだったら10秒もあれば書くことが可能です。

解答要素を見つけると、いきなり書き始めてしまう子が非常に多いです。答えになりそうな部分を見つけて「やった！」と思って一気に書いてしまうんですね。気持ちは非常によく分かります。

しかし、それでは要素の見落としや、文章のねじれが発生しやすくなります。

小学生ならば尚更です。

一度冷静になる意味も込めて、メモ書きを作成することをおススメします。十分に解答の型や作業が身についた場合には、時間の兼ね合いの関係から、短い記述では省いても構いません。

しかし、**最初のうちは短い記述であろうとも、愚直にメモを作ることを推奨します。**

④ 書き終わったら、心の中で音読をする

日本語の間違いで減点されてしまうのは非常に勿体ないです。④は10秒で終わりますが、これをするだけで、未然に防げる場合も非常に多いです。

作業手順を解説しましたが、「こんな簡単で良いの?」と思う方もいるかもしれません。

しかし、この作業手順が完璧にできている受験生は非常に少ないです。
これを愚直に実践するだけでも、確実に記述の答案のレベルが変わります。

●基本4パターン

前提を押さえたところで、実際の具体的な解答パターンと、それぞれの解き方のポイントに移りま

す。

基本４パターンは以下の通りです。一つずつ見ていきましょう。

1：言い換え
2：理由説明
3：心情説明
4：まとめ・要約

1：言い換え

傍線部の分かりにくい言葉や内容を把握できているかを問う問題です。
傍線部を区切って、一つづつ分かりやすく言い変えるのが基本になります。

代表的な問い方は
「～とはどういうことですか？」
「～それ（指示語）とはなにを表していますか」

入試頻出の典型的なパターンは、比喩表現を言い換える問題です。

問：「花子の気持ちは、少しだけ曇った。筆洗いにほんの一滴、黒い絵の具が滴ったように。」とあるが、どういうことか説明しなさい。

比喩表現だけでなく、分かりづらい表現も含めて、一つずつ言い換えてあげましょう。以下のようなイメージで区切ります。

太郎への花子の気持ちは｜少しだけ曇った。｜筆洗いにほんの一滴、｜黒い絵の具が滴ったように。

・花子の気持ち→太郎が好きな気持ち
・少しだけ曇った→（好きな気持ちが）分からなくなった
・筆洗いにほんの一滴→自分の心に少しだけ
・桃色の絵の具が滴ったように→次郎への好意が生まれた。

これをまとめると、以下のようになりますね。

解答：本当に太郎のことが好きか分からなくなった。自分の心に少しだけ、次郎への好意が生まれたから。

言い換えて、分かりやすくすると以下のようになります。

解答：自分の心で少しだけだが、次郎への好意が生まれ始めてしまい、本当に太郎のことが好きか、分からなくなったということ。

慣れてくると、文をそのまま言い換えようとしがちですが、ミスを誘発します。とにかく基本に忠実に、区切って言い換えることを意識してください。

言い換えパターンを解く上での流れは以下のようになります。

① 傍線部を区切る
② 比喩表現や分かりにくい表現に注目する
③ 本文から対応する内容を探す
④ 区切って考えた要素を、解答にまとめる

2：理由説明

傍線部との因果関係を問う問題です。
代表的な問い方は以下の通りです。
「なぜですか？」「どうしてですか？」

傍線部は因果関係の部分の結果になるので、原因となる部分を探してあげましょう。

注意点としては、直接的な理由以外をどこまで含めて説明するかを判断することです。
解答の作成では間接的な原因（原因の原因）や対比、具体的説明を付け加える必要が生じます。

例えば
問「日本は少子化が進んでいるのはなぜですか？」
解答：出生率が低いから。
これが直接的な理由ですが、これだけでは説得力に欠けます。
そこで、間接的な原因（原因の原因）を付け加えるかもしれません。

解答：子育ての環境が整っておらず、子どもを産みづらいため、出生率が低いから。

字数が余れば間接的な原因について、さらに遡った原因や具体的な説明やを加えるかもしれません。

解答：少子化対策にへの予算の少なさから、子育ての環境が整っておらず日本では託児所が非常に少ない。そのため、子どもを生みづらく、出生率が低いから。

こういう風に要素を加えていくと、説得力が増しますよね。

どれを加えるかは問題によりけりですが、まずは幹となる直接的な理由を探した上で、枝葉となる間接的な原因や対比などを、必要に応じて肉付けしていきましょう。

①傍線部の内容（結果）を把握する
②直接的な原因となる部分を探す
③間接的な原因・対比など、付随する要素を探す
④傍線部につながるようなかたちでまとめる

※必ず傍線部と答案は因果関係が成立します。解答を書き終えたら、因果関係に問題がないか、確認してあげましょう。

3：心情説明

物語文特有の問い方です。

代表的な問い方は以下のようになります
「～はどのような気持ちですか?」「～での太郎の気持ちを説明しなさい」

注意点としては、気持ちだけを答えてはいけないということです。
問「太郎はどのような気持ちですか?」
解答「悲しい気持ち」
これでは減点されてしまいます。

日本語の会話としては正しいのですが、これは入試問題です。
採点者に自分の理解度を、論理的に説明する必要があります。
なぜその気持ちなのかも加えなければ、説得力が薄いです。

答え方の基本形としては、「(背景)＋理由・きっかけ＋気持ち」になります。

先の解答でもきっかけを加えて
解答「お母さんに怒られて、悲しい気持ち。」
この方が、説得力が生まれますね。

さらに背景を加えて、
「学校でも怒られたのに、お母さんにも怒られて、悲しい気持ち」
こちらの方がより説得力がありますね。

では、この（背景）＋理由・きっかけはどこまで補えば良いのでしょうか。
字数に応じても変わりますが、以下の2点を意識して答案を作ってみてください。

1．自明 or 自然でない論理は全て補う

理由説明問題にも共通します。

この答案を見てどう思いますか？

・朝食の際に牛乳を飲みたくなったので、スーパーに買いに行きました。

一見当たり前のようですが、受験国語では「当たり前」ではありません！

「ふつう」牛乳が飲みたくなったら家にある牛乳を飲みます。（それが一番自然です）
よって答案を作る時には

・朝食の際に牛乳を飲みたくなったが、家になかったので、スーパーに買いに行きました。

とします。（こうすれば論理に飛躍がない）

もう一つ例を見てみましょう。

・明日の早朝の船に乗るために、今晩は早めに布団に入る。

この答案はどうでしょうか。

これも「当たり前」ではないです！
早めに布団に入れば、翌日早朝の船に乗れますか？

違いますね。

より正確に書くなら、以下のようになります。

・早めに布団に入ることで、明日の朝早起きすることができて、その結果早朝の船に乗れる。

これなら論理に飛躍がありませんね！

これの気持ちバージョンとして、以下の答案はどうでしょうか。

・プラモデルをもらって、うれしい気持ち。

「はっきり言って先生はプラモデルに興味がないのでもらってもまーったく嬉しくありません！」

もらって嬉しいためには、「ずっとほしかった」という前提を書かないと論理に飛躍のない説明になりません。

理由なしにもらって誰もが嬉しいのは、お金だけです。

2.「気持ち」を強調する背景は必ず書く

以下の2つの文を見比べてみてください。

・自分に対して悪口を言ってきた友人に対して、冷たい態度をとった。
・自分のことを常に心配してくれている祖母に対して、冷たい態度をとった。

どちらが申し訳ないと感じているでしょうか。

答えは後者ですね。

答案を作る上でも、それを反映させてあげましょう。
傍線部に「ごめんなさい」とあり、その気持ちを聞かれたとします。
解答の中心は「申し訳ない気持ち」で、その理由は、「冷たい態度をとったから」です。
その上で、その「申し訳なさ」を強調する背景「相手は自分のことを心配してくれていたのに」は、必ず書いてあげましょう。

他にも
「無視されて腹が立つ気持ち」→「自分は友達になろうと明るく話しかけたのに」
「母が授業参観に来てくれて嬉しい気持ち」→「仕事で来られないと思っていた母が授業参観に来

てくれて嬉しい気持ち」

こういった背景も、気持ちを強調・増幅させる背景なので、採点要素になること間違いないです。

解くうえでの流れは、以下のようになります。

①傍線部から大まかに気持ちを読み取る
詳しく分からなければ、プラスなのかマイナスなのか程度でもＯＫ
②傍線部の気持ちに対する、理由・きっかけを探し、線を引く
※もし字数が余りそうであれば、背景事情も参照
③以上を踏まえて、気持ちを正確に決定する
④「背景（字数に応じて）＋理由・きっかけ＋気持ち」でまとめる

4：まとめ、要約

代表的な問い方としては、以下のような例が挙げられます。

「〜筆者の考えについて説明しなさい」
「〜について分かりやすく説明しなさい」
「〜の違いについて説明しなさい」

具体的なエピソードを筆者の主張を踏まえながら、抽象化させる問題をよく見ます。

一例を見てみましょう。

ルワンダではZiplineというベンチャー企業が医療用血液をドローンで輸送するサービスをリリースし、2014年に創業したのにも関わらず、今では輸血用血液の約6割を運んでいる。
また、ケニアではモバイル決済がわずか4年で80％も普及し、国際送金システムを扱うベンチャー企業は1年で7760％という目覚ましい躍進を遂げた。インドでは、Aadhaar（アダール又はアドハー）と呼ばれる生体認証を活用した身分証明システムの仕組みが構築されており、なんと国民の90％に普及している。

このようなリープフロッグ現象が起こる背景には、何があるのだろうか。

問：リープフロッグ現象とは何か説明しなさい。

さて、たくさんの具体例が登場しましたが、解答の際には抽象化が必要です。抽象化のコツは、共通点を考えることです。

国から見てみましょう。

・ルワンダ・ケニア・インド

この共通点はなんでしょうか？

新興国ですね。解答要素の一つ目としては、「**新興国で**」となります。

次を見ましょう。

・ドローンで血液輸送
・モバイル決済
・身分証明システム

これらの共通点は何になりますか？

インフラ・サービスだと言えます。

二つが重複している部分もあるのですが、解答には両方書いておけば減点されることはないでしょう。迷ったら全て書くことも国語の大切なテクニックです。

最後は非常に早いスピードで浸透してる・普及しているということです。

わずか4年でとか、国民全体の90％にといった表現から読み取れるでしょう。

解答：新興国において、非常に早いスピードで新しいサービスやインフラが普及すること。

解くうえでの流れは、以下の通りです。

①傍線部から何をまとめるかを把握する。
②直接的に答えている部分を探して線を引く
③字数に応じて、枝葉の要素も探して線を引く
④共通点・相違点を探す
⑤具体的なものは抽象化し、まとめる

・その他特殊

特殊なパターンについては出題される学校は限られており、出題されるとしても毎年似たような問い方がされることが多いので、そこまで気にする必要はありません。

以下、一例になります。

・「～について考えを述べなさい」
・「この先の展開を予想して書きなさい」
・「あなただったら同じ状況でどのような行動をするか考えて書きなさい」

ただし、どんな問われ方をしようと、基本的な考え方は共通しています。

問：この先の展開を予想して書きなさい。

今回はこの問い方について、考えてみましょう。

先に述べたように、**国語は文学的才能ではなく論理を問う試験です。当然、自由な発想や面白い展開を求めている訳ではありません。**

本当に思った予想だとしても

解答：この後、地球に宇宙人が攻めてきて、地球防衛軍を結成することになりました。

こんなトンデモ解答では点数は貰えません。

あくまで、論理に基づいて述べることが求められています。

物語の論理は「マイナス→プラス」が基本形です。

このような展開予想の問題は、物語が「マイナス→プラス」へと転換する途中で、切られている場合が多いです。

マイナスだった時の要素（例：貧乏な暮らし、友達と喧嘩した、悪いことをした）がプラスの要素になるように（例：普通の暮らし、友達と仲直りした、悪いことを反省し謝った）となるように、変換してあげれば良い訳です。


ここで述べたもの以外でも、**いろいろな問われ方をされることがありますが、根本の論理は変わりません。**

奇をてらわず、これまで述べてきたような基本を押さえれば必ず解答力は身につきます。

●解き方のよくある疑問

国語の解き方について、よくある2つの疑問についてここで解説します。

① 本文と問題のどちらを先に読むのか

解答スピードを上げるために、選択肢の先読みを大手塾でも推奨しているようです。しかし**「中学受験国語では」不適切です。**

問題文先読みのメリットは、先に出題内容を把握することで、出題に絡む部分を重点的に読むことができることと、読みながら解き進められることです。

しかし、**小学生が出題に絡む部分を把握するのは至難の業です。**

誤った題意の理解に基づき、誤った部分を重点的に読み進めてしまうかもしれません。**一定数、本文を最後まで読まなければ解けない問題も出題されます。当然そのようなタイプの問題を失点します。**

それならば、本文を先に読んで、十分に理解した上で問題に取り組んだ方が良いでしょう。

問題文先読みをするのは、題意の把握が極めて容易かつ、本文の趣旨を問われることがなく読みながら解き進めても問題がない場合、入試が近づいているけど問題の8割も解き終わらない場合、直前期までその解き方で解いてきて今更変えられない場合など、極めて特殊なケースです。

ただしこれは中学受験国語に限った話です。

「大学受験国語であれば」生徒も十分に題意の把握ができるので、先読みも有効ですが、**「中学受験国語レベルで」問題文先読みをしなければ解き終わらない問題量が出されることは極まれです。**特殊な解き方をする必要性はありません。

②　選択問題は先に本文を見るのか、選択肢を見るのか

これはどちらも正しいですし、根本的な概念は同じです。
選択問題の解き方には大きく2通り方法があります。

1. 先に本文を見て、自分なりの解答を考えたうえで選択肢を見る
2. 先に選択肢を見て、本文と照らし合わせて解く（消去法）

順番に考えてみましょう。

1.「先に本文を見て、自分なりの解答を考える」というのは、小学生に可能なのでしょうか。
これは非常に困難だと思います。自分なりの解答を逐一考えて選択問題を解いていては、時間内に解ききることは難しいです。

これは「自分なりの解答を考えて」と伝える講師が多いから誤解されていて、**真意は、おおまかな解答の方向性や筆者の主張を考えてみてね。**ということだと私は解釈しています。
仮に、自分なりの解答を考えたとしても、ややこしい選択肢が並べられている中で、完璧な解答を

思いつき、一発正解の選択肢を見抜けることは困難でしょう。その後には消去法的アプローチを使うことになるはずです。

では、**2.「先に選択肢を見て、本文と照らし合わせて解く」**というのはどうでしょうか。

簡単な学校であれば、このやり方を機械的に行うだけでも解けます。受験校の記号選択問題が簡単であるとわかっている場合は、「考えなさい」などと、余計なことを言わないほうが良いでしょう。

しかし、**難易度が上がるほど、単純に本文と照らし合わせているだけでは解けない問題が増えます。**
例えば、内容はあっている（本文には書かれている）が問題に適切に答えていない問題や、本文の具体例から筆者の主張を読み取るような問題では、単純に消去法だけでは限界があります。

やはり1.と同じように、自分なりに考える必要性は生じます。
ただし、多くの場合、2.であっても、ある程度は自分で考えてから照らし合わせて解いているはずです。
「～はどういうことですか?」と聞かれたら、「～ってなんだって?」と一度思い出したり、本文の該当箇所を確認するはずです。
まさか機械的に照らし合わせるだけで解けると思っている人はいないはずです。

これを考えるという作業にカウントせずに「当然みんなやっているだろう」という前提で、わざわざ言われていないだけだと思います。

つまり、**1.でも2.でも選択肢を見る前に、自分なりの解答を考えるというプロセスは存在していて、それをどの程度深く考えるかの度合いが講師によって異なっているのです。**そのため、それを伝える人伝えない人がいるだけで、本質は同じであると私は解釈しています。

ベストは問題や学校に合わせて、どこまで解答を想定するかを使い分けられることです。

例えば、内容一致問題や表現技法問題では、先に選択肢を見て解くべきです。渋幕や聖光のような難関校の問題では、ある程度自分で解答の方針を持ってから選択肢を見ないと間違えさせる仕掛けがちりばめられています。

ただし、これは問題や学校に寄りけりで一概には語れません。ぜひ塾の先生に相談してみてください。

●記述力向上

私が教えていて一番多い相談が、記述問題が解けないという相談です。

塾に相談すると

「まずは知識分野を完璧にしましょう」
「語彙力を身につけましょう」「解き直しをしっかりしましょう」

といった、毒にも薬にもならないアドバイスをされることが多いようです。

間違ったアドバイスではないですが「それじゃないよなぁ」という感じですよね。

塾の先生の視点に立ってみると、仕方のないことではあります。
後述するように、記述問題が解けない原因は多岐に渡り、集団塾では十分に把握することは難しいです。

また、記述問題の成績を向上させるには時間が必要ですし、ご家庭で実践するハードルも高いです。

変にアドバイスをして、親が介入して変な解き方の癖がついたり、「言われた通り実践したのに、成績が上がらないじゃないか！」とクレームが入るのも面倒です。

そのため、成績を上げるアドバイスより、成績を下げないアドバイスになってしまいます。

・原因と分析

記述問題が解けない（減点される）原因は大きく3つあります。

①そもそも本文が理解できていない
②記述問題の解き方を知らない
③記述問題に適した書き方ができていない

それぞれ順番に見てみましょう！

①本文理解の不足

この場合は、記述問題どうこう以前の問題ですね。

記述問題を訓練したところで、高い効果は望めません。

前に書いたように、読解法を意識して線を引く練習から始めましょう。

とはいえ「そういうことじゃないよ」「塾の先生のアドバイスは毒にも薬にもならないとか偉そうなことを言っておいて、自分も同じかよ」という声が聞こえてきそうです。

この段階では、まずは正しく線を引く・塾のテキストの内容を復習することに尽きるのですが……

2つ方法をお伝えします。

1. 問題を解く前に本文内容を確認する

塾の授業でも、5年生まではこういった進め方をしていると思います。

お子さんが引っかかりそうな言葉や、背景知識、解き方のヒントなどをあらかじめ伝えておくことです。

具体的な進め方としては、親御さんが範読して注釈や説明を加えるか、お子さんに音読して貰うと良いでしょう。

後者の場合には「ここってどういう意味か知ってる?」「これってこういうことなんだって」「どんな気持ちなのかな?」など問いかけてあげてください。

音読の途中でストップするのは集中力を削ぐので、できれば前者の方が良いと思いますが、お子さんが音読したがっている場合には、尊重してあげましょう。

2. テキストのレベルを下げる

習熟度に差があるのに全クラス共通の教材を使うというのは、おかしな話です。

最上位層に照準を合わせた塾では、尚更塾のテキストが身の丈にあっていない可能性は高いです。**本文の内容が難しすぎると、そこで思考停止してしまい、記述を解く以前の問題になってしまいます。**

記述問題に臨めるくらいには本文を理解できるように、テキストのレベルを下げてしまいましょう。市販されているものだと、予習シリーズがおススメです。半年か1学年下げたテキストを使い練習すると良いですね。

問題はここからです。理解できているけど、解けない場合にこそ、十分なトレーニングが必要になります。

② 記述問題の解き方を知らない

記述問題には、解答手順や解答の型があります。

塾の授業では、教えられる機会は少ないですが、これを習得すれば飛躍的に成績は伸びます。

・解答手順
・解答の型

前の章で詳しく説明しましたが、この2つを実践できていますか？

国語が得意なお子さんでも、疎かになっている子は多いです。


解答手順については、親御さんが一緒に解答手順を追いながら問題を解いてあげましょう。

また、解答の型については、まず四パターンに分類できることを教えてあげましょう。そのうえで、問題がどのパターンにあてはまるかを逐一確認してあげます。

また、それぞれの解き方を紙にまとめておいて、それを見ながら解く練習をすると良いでしょう。

③記述問題に適した書き方ができていない

国語の問題である以上、正しい日本語で書かなければいけません。

一番有名な例は「たり」です。

×私はリンゴを食べたり、ミカンを食べます。

この文章どこが間違っているか分かりますか？
○私はリンゴを食べたり、ミカンを食べたりします。
並列として使う場合には、必ず2回繰り返します。
※並列としてではなく、「たり」単体で意味を持つ場合には繰り返す必要はありません。
例：飲みすぎたりしないでね（たりが心配の意味を表しています）ただし、基本的には2回繰り返すと覚えた方が分かりやすいです。

簡単なケーススタディを通じて、記述の頻出ポイントについて見ていきましょう。

お子さんの答案を添削する際に、必ず役に立つはずです。

まずは以下の答案をご覧ください。

実際の生徒さんの答案をアレンジしたものです。

自分は母に頼りにされたくて、母の相棒になりたいと思って生きてきたが、それをしり、うらぎられたと思ったが、桜木は母が自分をすてたことをうけいれて前向きに生きているので、「自分もにげていないで前向きに活きる」と決意する気持ち。

この答案には、５つ添削ポイントがあります。
まずは一度、ご自身で考えてみてください。

①　指示語を使わない

答案は誰が読んでも分かるように書くことが大原則です。それなのに、指示語が出てくるのは、おかしな話です。
指示語が何を指しているかを示さなければ、文章の内容を理解していることが採点者に伝わりません。

今回であれば
それをしり、うらぎられたと思ったが
「それとは?･?･」となりますよね。
本文がないので、それの内容は、読者の方には分かりづらいと思います。
それ＝母が内しょで男の人とつきあっていること
だとしましょう。

ただし、絶対に指示語を使ってはいけない訳ではありません。

何を指しているかが分からないことが問題なので、明確に伝わるのであれば問題ありません。

例えば

私は母の大切にしていた花瓶を割ってしまった。

それが、母を怒らせてしまった。


この場合には、明確に指示語のそれが何を指しているか分かるので問題はありません。とはいえ、その区別をするのは難しいですし、指示語をどうしても使わないと答案が書けないということはないので、指示語は使わないと一律に教えてしまうのが分かりやすいです。

② 長い一文は切る

これが本当に大切です。

なぜか小学生は、必要以上に長い文章を書きたがります。

何十回言おうと、書こうとします。**長い一文は、主述のねじれや日本語のミスを誘発します。**

目安としては一文が50字を超える用であれば、切りましょう。

とはいえ「いきなり一文を切りなさい！」と言っても難しいと思うので、まずは一番分かりやすい逆接から切る練習をすると良いでしょう。「〜が」とつないでいるものは、「。」で区切って「しかし〜」とつなぐということです。

今回の答案でも、逆説の部分を切って見るとどうでしょうか。

自分は母に頼りにされたくて、母の相棒になりたいと思って生きてきたが、母が内しょで男の人とつきあっていることをしり、うらぎられたと思った。しかし、桜木は母が自分をすてたことをうけいれて前向きに生きているので、「自分もにげていないで前向きに生きる」と決意する気持ち。

相当分かりやすくなりますよね。

逆接であれば、国語が苦手なお子さんでも論理関係が読み取れるはずです。

また、長い記述の多くでは逆接が登場するので、汎用性も非常に高いテクニックです。

慣れてきたら、他の接続詞でも区切るように促してあげましょう。

③ 分かりづらい言葉を使わない

筆者独自の表現・比喩表現など分かりづらい表現は、可能な限り分かりやすい言葉に言い換えてあげましょう。

答案とは自分が本文を理解していることを、分かりやすく採点者に伝えるためのものです。分かりづらい言葉を言い換えずに、そのまま抜き出してきただけの答案では高い点数は望めません。

具体例を見てみましょう。

自分は母に頼りにされたくて、母の相棒になりたいと思って生きてきたが、母が内しょで男の人とつきあっていることをしり、うらぎられたと思った。しかし、桜木は母が自分をすてたことをうけいれて前向きに生きているので、「自分もにげていないで前向きに生きる」と決意する気持ち。

「母の相棒」は比喩表現ですね。

例えば、分かりやすく言い換えるなら「母に一番信頼される存在」などの表現になるでしょう。

自分は母に頼りにされたくて、母に一番信頼される存在になりたいと思って生きてきたが、母が内しょで男の人とつきあっていることをしり、うらぎられたと思った。しかし、桜木は母が自分をすてたことをうけいれて前向きに生きているので、「自分もにげていないで前向きに生きる」と決意する気持ち。

④ 同じ内容を繰り返さない

同じ言葉を繰り返すこと自体は、減点対象になりません。

しかし、**同じ言葉が繰り返されているということは、その分余計に字数を使っているということであり、必要な要素がその分書かれていない確率が高いです。**

繰り返しは避けて、他の要素を入れるようにしましょう。

先ほどの答案を実際に見てみましょうか。

> **自分は母に頼りにされたくて、母に一番信頼される存在になりたいと思って生きてきたが、母が内しょで男の人とつきあっていることをしり、うらぎられたと思った。しかし、桜木は母が自分をすてたことをうけいれて前向きに生きているので、「自分もにげていないで前向きに生きる」と決意する気持ち。**

「母とずっと一緒にいたい」「相棒になることを考える」この2つは同じような内容ですよね。前者はカットしてあげましょう。「前向きに生きる」も重複しているので、書き換えると以下のようになります。

自分は母に一番信頼される存在になりたいと思って生きてきたが、母が内しょで男の人とつきあっていることをしり、うらぎられたと思った。しかし、母に捨てられたことを受け入れている桜木と出会い、「自分も同じように前向きに生きる」と決意する気持ち。

⑤ 話し言葉で書かない

よくあるミスとしては「でも、だけど→しかし」「やっぱり→やはり」「とっても→とても」「～じゃない→～ではない」が挙げられます。

自分は母に一番信頼される存在になりたいと思って生きてきたが、母が内しょで男の人とつきあっていることをしり、うらぎられたと思った。しかし、母にすてられたことを受け入れている桜木と出会い、「自分も同じように前向きに生きる」と決意する気持ち。

「　」は当然話し言葉です。書き言葉に直しましょう。

母に一番信頼される存在になりたいと思って生きてきたが、母が内しょで男の人とつきあっていることを知り、裏切られたと思った。しかし、母に捨てられたことを受け入れている桜木と出会い、同じように前向きに生きることを決意する気持ち。

最初の答案と比べてみるとどうでしょうか?


自分は母に頼りにされたくて、母の相棒になりたいと思って生きてきたが、母が内しょで男の人とつきあっていることをしり、うらぎられたと思ったが、桜木は母が自分をすてたことをうけいれて前向きに生きているので、「自分もにげていないで前向きに生きる」と決意する気持ち。

随分と読みやすくなりましたよね。

もう一歩記述力を上げるために

さらに、**もうワンステップ上の答案を目指すなら、論理関係を明確にすることを意識しましょう。**

特に答案で多いのが、「〜し、〜て、〜して」のような接続詞です。

これらを使うことを「**なるべく**」避けましょう。「なるべく」というのが大切です。小学生の書いた答案なので、そこまで厳しく減点されることは考えづらいです。また、論理関係を明確にしようとするあまり、減点されるリスクも存在します。

しかし、こういった接続詞を使うことは論理関係をあいまいにするため、好印象は与えないでしょう。

例えば、以下の３文を論理関係を明確にして書き換えてみるとどうでしょうか。ぜひ、考えてみてください。

・財布を落とし、ゲームセンターに向かった
・ビルが建てられて、家が日陰になった
・演説をして、自信がついた

以下のように修正しました。分かりやすくなっていますよね。

・財布を落としたが、ゲームセンターに向かった（**逆接**）
・ビルが建てられたことにより、家が日陰になった（**因果関係**）
・演説をしたことで、自信がついた（**因果関係**）

これは一例に過ぎないので、ほかにも書き方は存在します。

前の文章より、ずっと読みやすくなっていると思いませんか？

他にも、ら抜き言葉・敬体と常態の混合・問題用紙・解答用紙の使い方など、細かい話をすれば沢山あります。

まずは先に挙げた5ポイントを抑えると良いでしょう。

書き方がおかしい場合の教え方

大人としては「ここ間違ってる！」と教えてあげたくなりますよね。

しかし、教えるのは最後の手段です。自分で気づかせるように促しましょう。

「おぉ！ よく書けてるね！」と褒めてあげた上で「1か所だけ、不自然なところがあるんだけど見つけられるかな？」と聞いてみましょう。


それでも気づかなければ「1回音読してみて貰っても良いかな？」と言うと、読んでるうちに、大体自分で気づきます。

どうしても気づけない場合に、やんわりと教えてあげると良いでしょう。

また、ミスのパターンを間違い直しの際にノートにまとめて、一つずつ潰していくのも非常に有効です。間違えるパターンは、そこまで多くないので、まとめているうちに「あれ？ いつも同じような間違いをしているな」と気づくはずです。

親や教師が何十回言うよりも、自分で一回気づく方が効果的です。

どんな教え方をするにしろ、お子さん自身で気づかせることを意識しましょう。

✲コラム：とにかく粘れ！

どんなに分からない問題が出てきてもあきらめてはいけません。0・00001％でも点数が入る可能性があるのなら粘りましょう。

例えば、分からない漢字や知らない言葉が出てきた場合でも、空欄にしてしまうのは非常にもったいないです。推測して、少しでも正解しそうな確率のある漢字を書いてあげましょう。

極楽の風物を心から楽しもうとした。何処を見ても燦然たる光明が満ちている。空からは縹渺たる天楽が、フダンに聞こえてくる。

菊池寛『極楽』

（2021年度渋谷教育学園幕張）

問：カタカナを漢字に直しなさい。

まさか「普段」にしてはいませんよね？

これでは意味不明です。

「不断」という熟語を知っていれば簡単に解けます。しかし、知らなかった場合、前に難しい言葉が出て来るからか、空欄にしてしまう生徒が多いです。

最後まであきらめてはいけません。

① 意味を考える

天楽とあるので、何かの音楽だと推測できます。今回であれば聞こえてくると後ろにあるので、聞こえてくるに対する修飾語（＝聞こえ方について説明している）だと分かりますね。（音楽がどういうものかは説明されているので、）聞こえ方としては、はっきりと、ずっと、とぎれとぎれになどが考えられます。では、どんな聞こえ方をしているのでしょうか。

② 漢字を考える

「フダ＋ソ」の形で「ソ」単体は日本語的にありえないので、「フ＋ダン」という形になります。フとつく漢字で代表的なものは、不・二・負・府・夫・譜・婦・符あたりでしょうか。ここで中学受験生であれば、ひらめきたいのが、熟語の成り立ちで学習した「不・無・非・未」により、2つ目の漢字を打ち消すパターンですね。（例：不幸、無知）

※保護者の方で分からない方は塾のテキストを読んでみてください。どこの塾でも熟語の成り立ちは扱っています。

一文字目は不ではないかと推測できます。

二文字目ですが、
ダンとつく漢字で代表的なものは、団、男、弾、段、談、暖、断あたりですね。

打ち消して意味を持ちそうなものは断しかないです。

不断で不は後ろの漢字を否定するので、意味はずっと天楽が聞こえているのではないかと推測できますね。

解けなかったはずの問題が解けましたね。


とはいえ、実際の試験でここまで精緻に考えることは難しいでしょう。

大切なことは、一点でももぎ取りに行く姿勢です。

記述の答案でも、どうしても分からなければ傍線部の前後を適当にまとめるなど、とにかく何か書いてください。


泥臭く粘り強い姿勢が、合格に近づきます。

●解答力（詩）

前提として、詩の問題を出題する学校は非常に少ないです。筑駒や灘など一部の難関校に限られるので、対策が不要な生徒も多いです。そのため、詩の解き方について解説した参考書は少なく、塾のテキストでも表現技法などの知識分野の解説が中心です。


そのような状況を鑑みて、本書で解説することと致しました。

まずは、詩の問題を出題する意図を考えてみましょうか。

詩の問題は、塾の模範解答が割れることも多く、作問にも非常に手間がかかります。私も、毎年のように納得できない解答速報を散見します。逆に、私の解答に納得できない先生も多くいるはずです。

それなのに、なぜわざわざ手間をかけて作るのでしょうか。

第一に、想像力が挙げられます。

論理的思考力を問いたいだけなら、通常の読解問題を出題すれば良いはずです。どれだけ想像力豊かな人材であるかを見てる訳ですね。塾でゴリゴリに受験対策をした子どもではなく、才能のある子供を選抜したいという意思の表れです。

第二に、テーマへの理解です。入試で出題される詩からは、筆者の思想が読み取れます。表向きはただの詩に見えても、裏では必ず何かしらテーマがあるので読み取る必要があります。自身の知識と関連付けて、裏のテーマに気づくことができるかです。**第三にやはり論理です。**詩の問題といえども、入試問題である以上解答を一つに定める必要があるので、論理的に解くことが可能です。

①想像力を働かせる
②テーマを意識する
③論理的に考える

この３つを意識することで、解けるようになります。

・実践

とはいえ、理論だけ話しても伝わらないかと思いますので、２０２２年の筑駒の問題を見てみましょうか。答えを見てしまう前に、ぜひご自身でも解いてみてください。恐らく、想像以上に難しく「これを小学生が解くの⁉」となるはずです。

一問一問、会話形式で丁寧に解説していますので、ぜひお子さんに勉強を教える参考にもしてください。

次の詩を読んで、あとの問いに答えなさい。

合唱　谷川俊太郎

遠くの国で物のこわれる音がして
幾千万のちりぢりの会話が
終日僕を苦しめる

多忙な時間
非常な空間

机の上の英和辞典に
何か知れぬ憤りを覚えながら
僕は地球の柔らかい丸味を
実感したいとおもっていた

その午後

未来は簡単な数式で予言されそうだった

そしてその午後

合唱という言葉が妙に僕を魅惑した

問一　「僕」を苦しめるとありますが「僕」はどういうことに「苦しめ」られているのですか。

問二　「未来は簡単な数式で予言されそうだった」とは、どういうことですか。

問三　「合唱という言葉が妙に僕を誘惑した」とありますが、「僕」はどういうところに引きつけられていますか。

（２０２２年筑波大服属駒場中学　改題）

解説

問一　「僕」を苦しめるとありますが「僕」はどういうことに「苦しめ」られているのですか。

先生：まず聞かれていることを確認しよう。

生徒：僕がどんなことに苦しめられているかです！

先生：そうだね。これに対する直接的な答えは何になりそうかな？

生徒：直前部分に書いてある「幾千万のちりぢりの会話」です！
先生：そうだね！
　解答は「幾千万のちりぢりの会話」で大丈夫そうかな？
生徒：うーん……ちょっと分かりにくいかもしれません。
先生：これでは何を言っているのか分かりませんよね。
　まさか天下の筑駒が点数をくれるはずがありません。これを説明する必要がありますね。
　「幾千万のちりぢりの会話」だけを眺めていても分からないので、もう少し視野を広げて、まず直前部分の「遠くの国でものの壊れる音がして」に注目してみましょうか。これはどんな意味になりそうかな？
生徒：花瓶とか物が割れた音ってことですか？
先生：いやいや、遠くの国で花瓶が割れた音が日本にまで聞こえてきそうかい？
　①想像力を働かせるを意識してみよう。
生徒：いやー、聞こえてこないですね。物理的に何かが壊れるわけではなく、比喩表現ということですか⁉
先生：そうそう！　遠くの国で起こっていて、しかも僕が苦しんでいることを踏まえると、これは何を表しているんだろう。
生徒：日本では起こらないけど、遠くの国で起こること……しかも僕が苦しんでいる……戦争とかですか？

先生：そうそう！　そしたら「遠くの国でものの壊れる音がして」を一つずつ比喩表現から言い換えてみようか。

生徒：「遠くの国」はそのままでも意味が伝わりそうですね。「ものの壊れる」は比喩で、人々の心や生活が荒れていることですかね。音は人々の苦しみを表していそうです。

先生：ここまではＯＫだ。本題の「幾千万のちりぢりの会話」に入っていこうか。

生徒：あ！　先生！　僕分かりました!!

「幾千万のちりぢり＝離れ離れになった人々」を表していて、会話はその人たちの苦しみを表しているんだ！

この問題の解答は

「**戦争により、離れ離れになった人々の苦しみ**」になります!!

先生：お！　なかなか良い発想をしているね。読んでいる人の中にも同じような解答を作った人もいるんじゃないかな。でも、これはズレてしまってるんだ。

生徒：えー、難しすぎませんか～

先生：そしたら一緒に考えてみようか。

遠くの国で物のこわれる音がして

幾千万のちりぢりの会話が

終日僕を苦しめる

遠くの国で物が壊れる音が「して」の部分がポイントだね。時系列を表しているんだ。もう少し分かりやすく言うと、物のこわれる音がする→会話が行われる→僕が苦しむ、という流れな訳だね。会話が行われている場所は、遠くの国か僕の国のどっちだと思う？

生徒：うーん。僕の国ですか？　会話なら聞こえる場所で行われていないとおかしそうだし。

先生：そうそう！　先に教えてくれた答えだと、会話が行われている場所の解釈を間違えてしまっているんだね。「して」に着目して流れを把握できたかが、今回の問題の分かれ目だ。詩であろうと

③論理的に考える

ことが大切なんだね。

生徒：でも「幾千万のちりぢりの会話」って何を表しているんですか？　おしゃべりしてるってこと？？

先生：これも「して」に着目してあげると分かりやすそうだね。「して」はA→Bのイメージだ。例えば、「会議に参加して→意見を言う」みたいな感じだね。遠くの国（争いで人々が苦しんでいる）→僕の国（幾千万のちりぢりの会話）という構造になっているね。争いに苦しんでいるのだから、当然それをどう解決するかの話し合いのことを表現していそうだよね。

ただし、ちりぢりとあることも踏まえて、「様々な（自分勝手な）意見が出されて、まとまらないこと」が最終的な答えになりそうだ。
「遠くの国で物が壊れる音＝遠くの国で争いが起こって人々が苦しんでいる」の部分も付け加えてあげて

解答：遠くの国で起こっている争いに様々な議論がされているが、当事者に目を向けず、自分たちの利益や興味関心を重視して勝手な発言がされていること。

これが解答だね！

問二「未来は簡単な数式で予言されそうだった」とはどういうことですか？

先生：これも相当な難問だね。初見で解けたら、相当な国語のセンスがあります。
さて、解答力の章で解説したけど、比喩表現の問題が出てきたときの解き方を覚えているかい？
生徒：**一つずつ区切って丁寧に言い換える**でしたよね！
先生：その通り！　じゃあやってみようか!!
生徒：未来は／簡単な数式で／予言されそうだった――の３つに区切ってみました！

先生：「未来は」これはそのままの意味で伝わるので、言い換えなくても大丈夫ですよね？

生徒：そうだね。ちなみに、これは僕の国と遠い国のどっちの未来なのかな？

先生：僕の国の未来の話は今回のテーマには関係ないので、争いが起こっている遠い国における未来のことだと思います！

生徒：その通り！　続けてみてください！

先生：「簡単な数式」の言い換えがちょっと思いつかないです……。

生徒：これは相当難しいね。じゃあ、未来って簡単か複雑かで言うとどっちかな？

先生：分からないのが未来なので、複雑なはずです。

生徒：そうだね！　しかも争いが起こっている国ならばさらに複雑になりそうだ。それが簡単な数式により決まってしまうと表現してるのには、意図があるはずだ。

②テーマを意識する

一番は、筆者は争いが起こっている状況を悲しんでいるんだよね。
争いが起こっている複雑な国の状況↓（数式な数式による予言）↓未来の決定
こんな構図になるわけだけど、争いの結果を決めるものはなにかな。

生徒：暴力ですか？

先生：その通り！　カッコよく軍事力と書いてみても良いね。解答は争いの結論が、軍事力によって決まること。としてあげたいんだけど、字数が余ってしまうね。
本来は複雑なはずが、簡単に決められてしまうことが問題と言っているので、それをもう少し説明してあげたいね。複雑とはどういうことかな？

生徒：民族問題とか、領土問題とかですか？

先生：そうそう！　それを踏まえて、まとめてあげると

解答：　本当は複雑な問題を抱えているのに、軍事力の強さで単純に結論が決められそうなこと。

生徒：おぉ！　こんな風に言い換えられるんですね！　でも、結論って表現分かりづらくないですか？

先生：よく気付いたね！　この解答でも合格点は取れるけど、さらに踏み込んで結論とは何かを明確にして解答を作ってあげても良いね。例えば、こんな感じかな。

解答：　軍事力の強い者の一方的な意見によって、大勢の国民の意思を無視して、国の在り方や国民の人生が決まってしまうこと。

先生：ただし、これだと言い過ぎになってしまう危険性はあるね。具体化し過ぎて書くと、大幅減点の可能性もあるので、実際の入試では最初の解答のように曖昧なままにしておくのが無難だね。

問三　「合唱という言葉が妙に僕を誘惑した」とありますが、「僕」はどういうところに引きつけられていますか。

先生：これも物凄く難しいね。この詩のテーマはなんでしょうか？

②テーマを意識する

生徒：戦争と平和ですか？

先生：そうだね！　僕が第一連で、戦争が起こっていることに苦しんでいるということは、当然平和を求めているはずです。

ということは、僕が惹かれている合唱と言うのは戦争の反対、つまり平和の象徴として描かれているはずだ。

ちなみに象徴表現って何か分かるかな？

生徒：うーん。平和の象徴はハトって聞いたことあります！

先生：そうそう。抽象的なモノを具体的なモノで表現してあげることだね。

象徴表現は入試で頻出なので意識してあげよう。

今回は「合唱＝平和」だとイメージできるね。

戦争が人々をバラバラにするということは、その反対の合唱は人々をどのようにするのかな？

生徒：人々を一つにする！
先生：その通り！　ここまで来たら材料が揃ったので、一度図式化してみましょうか。対比構造で表せそうだね。**分かりづらい問題は図式化すると分かりやすくなることもあるよ。**

②論理的に考える

幾千万のちりぢりの会話（自分勝手）：僕を苦しめるもの　↓人々がバラバラ
合唱（平和）：魅了するもの　↓人々が一つ

これを見ると筆者はどこに惹きつけられているのかな？

生徒：「**人々が一つになっているところ**」です！　でも、これだと字数が余りますよね……。
先生：そうだね、もう少し深堀してあげようか。
問二でありましたが、筆者は力により結論が決まることを憂いていたね。
合唱はその反対だということを押さえてあげれば良いんだ。

争い：人々の意見↓力で決まる（バラバラ）
⇔
合唱：人々の意見↓みんなで協力（一つになる）

つまり、人々が一つになるというよりは、色々な意見を持った人が一つになるというところまで読み取れると完璧だね。合唱においては、意見と言うよりは、個性と言い換えてあげると完璧だね。

解答：多様な個性を持った人々が、協力して調和を生み出すところ。

さて、解いてみていかがだったでしょうか？

大人の方でも、なかなか解けなかったのではないでしょうか？

対策としてできることは、正直多くはありません。

一番大切なことは、論理的に考える癖をつけることです。

どうしても感覚的に解いてしまったり、詩の心がないから仕方がないと諦めてしまったりしますが、そんなことはありません。

入試問題である以上、必ず論理的に答えを導き出すことができるように作られています。詩の問題に出会った時こそ、思考プロセスを丁寧に追い、解法の徹底を意識しましょう。

訓練すれば、誰でも合格点は必ず取れるようになります。

●解答力（応用）：間違い直し

ここまででも十分に解答力は上がるはずですが、余力がある方は間違い直しをすることをおススメします。

『文章読解の鉄則』（エール出版社）の中で井上秀和先生が提唱している方法なのですが、非常に優れた国語勉強法だと思います。

算数は解き方を覚えるわけですよね。

それなのに、なぜ国語は解き方を覚えないのでしょうか？

先に述べたように、国語にも決まったパターンが存在します。

それを覚えようとしないのは、鶴亀算の解き方を覚えずに、一本ずつ鶴と亀の足をカウントしようとするくらいナンセンスです。

国語においても、答案を分析し、正しい解法やパターンをインプットします。

そのためには次に紹介するように間違い直しを行い、紙にまとめることが最適です。

井上先生の著書の中で紹介されている方法も本当に素晴らしいものなのですが、取り組みやすいように、もう少し簡易的にしたものを私は勧めています。

●書き直し
●間違えた理由の分析
●次どうするか

この3つに分けて書きましょう。
実際に具体例を見てみましょう。

●書き直し
本当は息子のことを愛しているのにも関わらず、表面的には厳しい言葉をかけてしまうような、不器用な人物。

●間違えた理由
「ばかだなぁ。お前は」という言葉を、そのまま悪口と捉えてしまった。
人物像のまとめ方が分からなかった。

●次どうするか

・必ずしも言葉通りの意味で言ってる訳ではないので、文脈を考える
↓今回であれば、悪口として「ばか」と言ったのではなく、愛情を込めて「ばかだなぁ」と言った
・言葉の微妙なニュアンスも意識する
・人物像を聞かれた場合
「エピソード＋人物像をまとめる言葉」で答える

注意点としては
●間違えた理由
・よく読んでなかったから
●次どうするか
・よく読んで答える

のような、場当たり的な解答は意味がないです。

国語では同じ問題は二度と出ませんが、同じパターンの問題は出ます。

いかに、問題をパターン化して、自分の中に落とし込めるかが大切なので、他の問題でも通用するような解法を意識して書きましょう。国語が得意で余裕がある場合には、井上先生の著書に書いてあるようにやると良いと思います。

私が使っている過去問演習用のフォーマット（次ページ参照）も添付しておきます。

間違い直しをできるのが最善なのですが、適切な指導者がいないのに、お子さんだけで間違い直しをするのはハードルが高いと思います。

特に、5年生の前半くらいまでは、塾で解法を教わることも少ないので難しいでしょう。もう少しライトな方法も追記しておきます。

①マーカーペンを2色使い、自分の答案に書いてある要素と模範解答の一致している要素・模範解答にしかない要素に線を引く。（自分が足りなかった要素を明確にする）

②足りなかった要素の、本文中の根拠となる部分にまで線を引く。

③自分なりに本文中の要素をつなぎ合わせて解答を再度作成する

【過去問演習シート】

※必ず具体的に書くこと！
→次からは気を付ける。本文をよく読むなど抽象的なのはNG！

○学校名・年度・回数：

○良かった点・前回と比べてできたこと

○間違えた問題・書き直し・原因・次どうするか

・間違えた問題

・書き直し

・原因

・次はどうするか

・間違えた問題

・書き直し

・原因

・次はどうするか

・間違えた問題

・書き直し

・原因

・次はどうするか

間違い直し記入例(頭紙)　　　　　　　　**☆頭紙なので上の２項目を削った本紙に残りの設問は記入します**

〇学校・年度・回数

〇〇中学　2019年　第一回

〇良かった点・前回と比べてできたこと

・登場人物の性格を意識して解くようにした。

・見直しをするようにして、間違った漢字を見つけられた

☆必ず１つでも良いところを探す！個別の問題ではなく全体を通じて良いところ

〇間違えた問題

大問㈢　問一：サッカーが好きなのか、サッカーのためならどんな努力もできるほど、サッカーが好きなのか分からなくなったから。

〇書き直し

サッカーのためならどんな努力もできるほど、サッカーが好きなのか分からなくなり、続けていく自信がなくなったから。

〇間違えた原因　　　　　　　　**☆抽象的な原因＋この問題での具体的なミスを書く**

・字数稼ぎをしてしまった

→二回同じフレーズを繰り返してしまっている場合は、加点対象にならないので削って別の要素を入れる

・因果関係を逆にしてしまった

→一番の理由はサッカーが好きか分からなくなったからではなく、その結果として続けていく自信がなくなったこと

・因果関係が不十分だった

→「自分に自信がなかったから」では因果関係として不十分なので、「続けていく自信がなかったから」と具体的に理由を述べる

〇次どうする　　　　　　　　**☆その問題だけでなく、他の問題にも使える考え方をまとめる**

・加点される要素のみで箇条書きを書いて、おおまかな字数を把握し足りない要素を探す

・理由を聞かれたら「答え」だから「傍線部」の関係が成立するか確認する

・字数のあまりを考えて、場合によっては具体的な要素も入れる

　→字数が余った場合には２点を意識する

①　背景・間接的理由を加える

②　具体を加える

・なるべく本文の表現を使って答案を作る

　→自分の言葉を使うのは、本文の表現だけだと明らかに分かりづらい時だけにする

塾では「復習をしなさい」「解き直しをしなさい」という指示が出されることが多いです。それでは、小学生は模範解答を見て「ふーん」と納得して終わりにしてしまいます。

そうではなくて、何ができて何が足りなかったかを明確にすることが必要です。

難関校を目指すのでなければ、これだけでも十分な実力がつくはずです。

✲コラム：模範解答を信じるな

大手塾の解答速報や過去問集でも、間違った模範解答は普通にあります。

ぜひ、時間があれば各塾の模範解答を見比べて欲しいのですが、難関校になるほど、記述問題の解答は異なります。

酷い時は、大手塾の模試の記号問題の解答と、某有名家庭教師会社の解答が異なっていました。

なぜ、こんなことが起きるのでしょうか？

担当講師の国語力が低いからでしょうか？

それも理由の一つです。国語ほど指導力に差のある科目も珍しく、イマイチな先生も多いです。「ここに書いてあるから、答えはこれ！」という残念な授業をする先生も沢山います。

根本原因は、解き方の手順が人により異なるからです。

算数であれば、アプローチの仕方は数パターンしかありませんが、国語は人によりアプローチは変わります。解答が異なるのは当たり前です。

大事なのは、模範解答に合わせることではなく、自分の習っている先生に教わった手順を追って解くことです。

模範解答を信じすぎず、自分の頭を使って考えましょう。少しでも疑問があれば、習っている先生に質問して、自分なりの答案を作ることが成績向上の鍵です。

また、小学生が書くにはあまりにレベルの高すぎる答案も多いです。

模試の模範解答などは、その塾の威信に関わるので他塾の講師から見られても、文句のつけようのない完璧な解答を作ろうとします。

そのせいで、不必要に高度な言い回しになっていることが多いです。

しかし、生徒からすれば、再現性がないですよね。難しい言葉を使うのではなく、優しい言葉を使いこなすことが大切です。例えば「辟易する」↓「嫌になる」のように採点をする際には、模範解答をベースにするのではなく、内容に着目してあげましょう。

ただし、こういう模範解答を完全にスルーして良いかというと勿体ないです。ですから、使えそうな表現は語彙ノートにメモしておくと良いですね。


これに関連して述べたいのですが、写経と言われるような、**模範解答を書き写す勉強法だけは止めてください。**

なぜか国語で有名な大手学習塾の講師でも、答えを書き写すように指導する方がいます。

これは時間の無駄でしかありません。

社会や理科の用語であれば、書いて覚えるというのは、まだ理解できます。

国語では、同じ問題は二度と出ません。書き写すことには何の意味もありません。

一応、記述の用語を覚えられるとか、解答の正しい型に触れられるなど、もっともらしい理由をつけられなくはないですが、時間と資源の無駄遣いです。勉強した気分になっているだけです。

模範解答は具体例のただ一つに過ぎません。それを参考にして、**思考のプロセスを追うことや自分なりの解答を作ることで国語力は上がります。**そもそも、模範解答で使われているような、高度な言い回しは、本番に使いこなせないですよね。

調べてみたら某有名講師も推奨しているようですが、全くメリットがないので、明日から止めてください。

ちなみに、天声人語を書き写すことが一時期流行りましたが、これも同様の理由で意味がありません。

天声人語で使用される語彙や文章構成を小学生がマネできますか？

プロのライターが朝刊の一面という大舞台に向けて本気で書いた文章です。

非常に高度な語彙や言い回しが使われています。

答案で活かせるはずもなく、全く意味がないどころか下手したら逆効果です。

第四章：正しく国語を教えるために

●国語参考書

国語は特殊な科目なので、親御さんが教えることは好ましくないです。

ただ、経済的な事情から家庭教師を雇えず、親御さんみずから教えざるを得ない場合もあります。

以下の本を読めば、「勉強していない塾講師よりは」国語に詳しくなれますし、教えるのには足る実力がつきます。もちろん、プロに頼むのがベストです。

・井上秀和先生『文章読解の鉄則』

言わずと知れた中学受験国語業界の名著ですね。

私も30回以上は読みました。これを完璧に理解するだけで、凡庸な国語講師よりは、よほど上手に教えられます。

拙著では原理原則の理解や勉強を中心に説明していますが、この本は具体的にテクニックを教えてくれます。

考え方としても非常に似ているので、本書の読者さんなら馴染みやすいはずです。

進め方としては、まず前半の解法のセクションを3回ほど熟読した後に、後半の入試問題を解いてみると良いでしょう。解く際には、必ずこの本の解法通りに解いてみてください。自分が解けることには意味がなく、お子さんでも再現できることが大切なので、感覚的に解くことのないようにしましょう。

当初は小学生向けに執筆されたそうですが、お子さんがこれを読むのはかなり難しいです。偏差値60以上でも相当難しいと感じます。お子さんだけで読ませようとすると絶対に失敗します。

もし、お子さんが使うとしたら辞書的に使うのが良いでしょう。

塾の課題を行っていて

「抜き出し問題ってどうやって解くんだっけ？」

のように、解法が分からなかった場合に探すのが良いです。

地道なようですが、何十回も繰り返すうちに自然と解法が定着するようになります。

井上先生はＹｏｕＴｕｂｅもされていて、珠玉の内容なので、ぜひ見てみてください。

・若杉朋哉先生『徹底攻略シリーズ』

文章読解の鉄則よりも網羅性は劣りますが、その分類をして説明しています。国語を教える上で、参考になること間違いありません。

題材のレベルが高いので、お子さんに解かせるかは場合によりけりですが、親御さんが勉強するには非常に分かりやすい本だと思います。

前記の本のポイントはシステマティックに解いているところです。国語を教える際には、背景知識や本文の内在的テーマにまで迫りながら、内容的なアプローチも行えるのがベストです。

しかし、保護者の方が最新の入試頻出テーマや背景知識を勉強するのは相当大変です。内容の解説というよりは、問題の解き方に重点を置いて教える方が良いかと思います。

他に田代先生の『田代式中学受験国語の「神技」』（講談社）もよく挙げられます。田代先生の国語への熱意や知見の深さが感じられる名著です。しかし、網羅性や分かりやすさという点では、前記の本に軍配が上がると感じます。まずは『文章読解の鉄則』と『徹底攻略シリーズ』をマスターすることをおすすめします。

最後に、もう一冊紹介します。

・**細谷功『メタ思考トレーニング』**（ＰＨＰ研究所）

ビジネス書ですが、具体と抽象の概念を、どの本よりも詳細に説明されています。「具体と抽象なんて、大人なんだから流石に分かりますよ～」と思った方。

では、「タクシーと土産物屋の共通点」はなんでしょうか？
こちらの本に書かれている質問なのですが、中々答えられないですよね。
面白い質問も多く、純粋に読み物としてもおススメです。

国語の指導をする上で、具体↕抽象の話を避けることはできませんし、説明力が格段に上がります。

その他にも、国語の参考書は数多く出版されていますが、玉石混交と言わざるを得ません。超有名講師が書いたものでも「うーん」と思うものもあります。下手な参考書に手を出すくらいなら、まずはここで紹介した3冊を極めてみてください。

●国語年間学習ポイント

万人に当てはまる学習ポイントはありません。あくまで、これは一具体例に過ぎません。一番大切なのは、自身のお子さんと向き合い、今何が足りていないのかを考えることです。決して、当てはめすぎることのないようにしましょう。

1〜3年生

塾に通う必要はないと私は考えています。

実際に大手塾のテキストを見ると分かりますが、4年生と1~3年生ではテキストの内容が全く違います。

この時期の塾のテキストは、入試に向けたものではありません。勉強に親しみを持ってもらうことを目的として作られています。もし、通うのであれば、大手塾よりは公文やフォトン算数クラブなどで計算力を養うことをおすすめします。

「席取りのために~」というのを聞きますが、特定の塾に拘りさえしなければ、入塾は可能ですし、仮に席に余裕がなくても優秀であれば席を空けて貰えることもあります。

なにより、低学年から通っても、合格率が上がるかは疑問に思います。

もし、低学年から通って合格率が上がるのなら、囲い込みのために入塾した時期別の合格率のデータが開示されているはずです。どの塾でも受かる子は受かるので、のびのび育てることを優先した方が良いです。

4年生

塾に通わせ始めるのにちょうど良い時期です。**5年生からでも頑張れば間に合わなくはないですが、カリキュラムを考えると4年生から通い始めるのがベストです。**

まだまだ特別なことをする必要はありません。家庭学習の際に基礎的なパターンを教えてあげる程度で十分です。

「なぜ?」と聞かれたら「〜から」で答える。「どういうことですか?」と聞かれたら「〜こと」で終わる。「筆者の主張に線を引く」など、読解の基礎中の基礎の内容を教えてあげることです。この時期に、細かいパターンの話をしても定着度合いは低いです。もちろん、「国語が凄く好き!」であれば良いですが、多くの場合、細かい話をしても良いことはないでしょう。間違い直しもするにもまだ早いので、塾の授業の内容が理解できていればOKです。

あとは、夕食を食べているときにでも、「授業で扱った文章の内容どんなのだった?」と聞いてあげましょう。たとえ頓珍漢なことを言っていても「そうなんだね。知らなかったよ!」と、とにかく褒めてあげることです。また、その内容に関連した話をしたり、テキストの内容に子どもが興味を持ったのであれば、関連した本を買ってあげても良いでしょう。

4年生では、国語を好きになってもらうことが主目的です

5年生

塾でも、具体的な解き方を教え始める時期です。

どの塾でも、テキストに解法が載っているはずです。それを復習すると良いでしょう。Bテキスト（記述の演習）は講師の実力次第ですが、パターンを教えるというよりは、内容の解説に終始してしまう先生もいるので、その場合は親が補完してあげたいですね。

国語がある程度得意であれば後期からは、間違い直しを始めると良いです。とは言っても、まだま

だ5年生なので完璧な間違え直しを求めるというよりは**「頑張って書けていればＯＫ！」というスタンスで臨みましょう。**

間違い直しを始めたときには、全く書くことができないですし、書けても大人が満足する水準のものは書けません。そこを詰めたところで、国語への苦手意識が増すだけなので、軽く補足をする程度にとどめて、書けたことを褒めてあげましょう。

加えて、4年生に引き続き、夕飯の時にでも、授業の話は聞いてあげましょう。「どんな内容だった？」と聞くと、具体的な話や枝葉末節の話に終始していて、テーマを捉えられていないことが多いです。そういう場合には、親が話を広げたり、補足してあげられるとベストです。

6年生

・2〜7月

目安として、偏差値60以下の場合は、もう一度5年生で覚えた解法パターンの復習をすると良いでしょう。**本当に、本当に、解法パターンを習得するのは大変で、身につくまでには長い時間がかかります**。夏休みまでに、論理的に解く手法を身につけなければ秋以降の伸びは期待できません。非常にもどかしいですが、今一度基礎的な内容の復習をおすすめします。

私の場合は、四谷大塚の予習シリーズの5年生のテキストを解かせることが多いです。

難しい題材を読ませると、文章の難しさに意識が集中します。それよりも、充分に理解ができる内容のものを読ませて、「理解できるけど、問題は解けない」ことを納得させ、論理的に解く重要性を理解させます。

ちなみに、5年生のテキストを使う場合は、プライドを傷つけないように、絶対に5年生のものだと本人に分からないようにしましょう。テキストをそのまま使うのではなく、5年生の部分を隠してコピーして使うようにしています。くれぐれも「ほら！ 基礎的な部分ができてないじゃん！」など言わないようにしましょう。あくまで、本人に「あれ？ 文章は簡単なはずなのに解けない……なんでだろ」と気づかせることが必要です。

ここで基礎を固められるかが、大きく合否を分けます。

私が指導していた生徒で、偏差値40前半の子がいました。夏までは四谷の5年生のテキストを中心に、じっくり基礎を固めるように指導しました。

国語が難しい塾に通っていたのですが、授業で扱われる難しい問題では全く手も足も出ず、夏くらいまでは非常に苦労していました。しかし、9月から過去問演習を始めてからは、基礎固めが功を奏し、難関中学の過去問でも合格者平均を超えるまでに成長していました。いかに、焦らないことが大切かが分かります。

偏差値が60以上の場合は、塾のテキストで先に書いた間違い直しを行い、検討すると良いでしょう。もし塾のテキストが簡単すぎる場合は、四谷大塚の予習シリーズの応用力完成問題集や入試実践問題集を使って、間違い直しをすると良いですね。

・夏休み

夏季講習で、他の問題集をこなす余裕は存在しないでしょう。夏季講習の復習が全てです。とはいえ、全ての教材を復習することは難しいので、取捨選択することが必要です。例えば、塾の夏季講習ではBタイプのテキストを中心に扱うのに、志望校はAタイプの学校であれば、復習の必要性は低いです。

それなら算数の勉強をした方が良いです。もし志望校の傾向と塾のテキストが似ているならば、間違い直しを行いましょう。優先順位をつけることが大切です。塾の先生や家庭教師に相談して、取捨選択をしましょう。

・9～12月

とにかく過去問です。志望校と傾向が近くなければ、塾のテキストの重要性は低いです。過去問以上に大事なものはありません。

志望校別のテキストと過去問に時間を振り切りましょう。前述した通り、過去問は形式慣れするためのものではなく、研究するためのものです。1年1年を大切にして、過去問に魂を込めましょう。一紙入魂の心構えです。

・1月以降

国語は、この時期から大幅に成績が上がることは少ないです。

国語のみ大幅に偏差値が低い場合を除き、スタンスとしては**「実力を上げる」ではなく「実力を落とさない」を意識しましょう。**

具体的には、過去問と塾のテキストだけで十分です。ただし、注意することは志望校の問題パターンに合わせて演習と復習をすることです。問題は難しくないが処理能力が求められるタイプであれば復習のウエイトを下げ演習量を増やし、逆に思考力が求められるタイプであれば丁寧に復習を行う必要があります。

全体として国語のウエイトが下がった分は、他の科目に時間を使ってあげましょう。もし、まだ国語の偏差値が大幅に低い場合は、小説なのか、論説なのか、知識なのか分野を絞って対策をすると良いでしょう。とにかく、全てをやろうとせず取捨選択することです。

第二部：テキスト・模試・過去問の使い方

第二部では、テキスト・模試・過去問など教材の使い方について解説します。

「解き直しをしてください！」

「優先順位をつけて勉強してください！」

とはよく言われますが、実際にどうやるかまでは、あまり塾では指示してくれないようです。

具体的かつ詳細に書いていますので、ぜひ眼を通してください。

第一章 勉強の選択

6年生になると、多くの塾で授業のコマ数や宿題の量が増えます。

特に、6年生の後期ともなれば、全ての課題をこなすことは物理的にも難しいです。

全ての課題をこなそうと、睡眠時間を削ったり、無謀な学習計画を立てたりしていては、良い結果は得られません。

課題の優先順位をつけて取捨選択をする必要があります。

以下の3つのように優先順位をつけましょう。

①　毎日やるべきもの（漢字・計算）
②　絶対に削れないもの（志望校に近い塾の課題）
③　プラスでできたら良いもの（志望校から離れた塾の課題）

を決めて、①と②を必ずやり抜きましょう。

3段階に分類することがポイントです。

全て一緒くたにしてしまうと、一つ課題ができなかっただけで全てできなかったように錯覚してしまいます。

全ての課題をこなすことは難しいので、③までできなくても「できない」というマイナスの感情を感じる必要はありません。できたら「できたら偉い！」というプラスの感情に転換することができます。

次に、テキストと問題に分けて、具体的に解説します。
自身が通っている塾に当てはめて、効率的に宿題を進めてください！

●テキストの選択

テキストには大きく4種類あります。

①　基礎的なテキスト（漢字練習、語彙テキスト）
②　記号・知識問題中心のテキスト（記号・記述がバランスよく出題されたAタイプ・ABタイプのテキスト）
③　記述問題中心のテキスト（記述に特化したBタイプのテキスト）
④　志望校の傾向に沿ったテキスト（志望校別特訓）

それぞれの特性を把握し、必要性も高いものを優先的にこなしましょう。

①　基礎的なテキスト（例：漢字、語彙テキスト）

5分でも良いので、必ず毎日取り組みましょう。入試で使えるレベルに定着させるためには、まとめてこなしたのでは身につきません。**これは歯磨きと同じです。「やって偉い！」状態ではなく、日々の生活にルーティンとして組み込み「やらないと気持ち悪い」状態であるべきです。**

朝食前か寝る前に取り組むと良いでしょう。

10分もあればその日の分量はこなせるものなので、朝食が出て来るのを待ってる間に取り組み、確実に朝に終わらせてしまいたいです。

優先度によって朝に別の課題を取り組むのもアリですが、夜は疲れてやれないこともあるので、必ず時間を取れる朝に基礎的なテキストに取り組むことを推奨します。

②記号問題や読解の基礎中心のテキスト（A・ABタイプのテキスト）

どの学校でも大切です。

Bタイプの学校を志望するにせよ、併願校で知識問題や選択問題が出る学校を受けるので、優先順位は高いです。

特に、難度の高い記述問題を中心とした塾では、記述中心のテキストに気を取られてしまいがちです。

偏差値が60を超えているならそれでも良いでしょう。しかし、多くの生徒さんは記述以前に読解の基礎が抜けています。簡単なテキストほど念入りに復習すべきです。

③記述問題中心のテキスト（Bタイプのテキスト）

多くの学校では、優先順位は一番低くなります。
必要なのは麻布や武蔵などの記述問題の難易度が非常に高い学校を志望する場合や、上位クラスの生徒のみです。
一部の大手塾では、御三家を意識してテキストを作っているため、大人でも悩むような問題がテキストに載せられています。国語が苦手なお子さんは、こんな問題に悩むだけ時間の無駄です。きっぱりと諦めてしまいましょう。

ただし、Bタイプでも予習シリーズのような標準的な良問が揃ったテキストには時間を使う価値はあります。大手塾でテキストのレベルについていけない場合には、代わりに演習問題集や最難関問題集を解いてみるのもアリです。

お子さんの志望校の傾向とテキストのレベルを鑑みて、優先順位を決めましょう。

④ 志望校の傾向に沿ったテキスト（志望校別特訓のテキスト）

志望校の傾向に沿ったものになるので、優先順位は一番高くなります。

また、塾の志望校別特訓では、授業時間の大半を演習時間が占めることが多いです。解説の時間は非常に短く、数問しか解説することができません。

例えば、とある塾では授業時間が75分に対して、演習時間に40～45分、採点に5分（後で採点する場合もあります）なので最大でもかけられる時間は30分です。

基本的に塾の授業は時間が押しているので、導入や得点記入の時間も合わせて、現実的には20分程度しか純粋に解説に使える時間はありません。

大問2つの演習を行う場合が多いのですが、大問一つにつき10分で十分に解説することは難しいです。

多くの塾で十分に解説の時間が取られておらず、板書も平常授業と比較すると簡易的なものだと感じます。

特に、国語が苦手なお子さんは、授業をだけでは十分に理解を深めることは困難です。後述する誤り直しを行い、念入りに復習し理解を深めましょう。

ただし、志望校別プリントではなく、共通の教材を扱う場合、自身の志望校の傾向と異なっていれば優先順位は低いです。冠クラスではない場合には、こういったケースも多いです。

つまりは志望校の傾向に近いほど優先順位は高く、傾向から離れるほど下がります。

優先順位としては①→④→②→③の順番になります。

麻布や武蔵のような記述問題中心の学校を受験する場合には、①→④→③→②のような順番になることもありますが、限られた場合です。

まずは、基礎的なテキストと志望校の傾向に沿ったテキストを解くことを一番に考えてください。6年後期にもなれば、志望校の傾向に沿わないBタイプのテキストは忘れてしまって構いません。自身のレベルに合わない場合であれば、尚更です。

●問題の選択

先にテキストの取捨選択について解説しました。

テキストを絞ったとしても、こなすべき課題は膨大です。

今回は問題の取捨選択について解説します。

5年生までは、頑張るしかありません。

5年生までの内容は入試対策をする上で基礎となる内容なので、可能な限り全て完璧にこなしていきたいです。


もちろん、明らかに発展的な問題は演習する必要はありません。

そういった問題は授業内で演習可否について指示が出されるか、テキストに星印や発展マークが書かれている場合が多いので簡単に分かるはずです。

しかし、6年生になると、完全にキャパを超え、全てこなすことは物理的に不可能ですし、その必要もありません。中堅校までを目指す場合には、難しすぎる問題はさっさと見切りをつけましょう。

そんな時に活躍するのが、仕分けです。

問題を3つに仕分けしましょう。
○：理解できていて、解けた問題
△：解けたけど運で当たっていた、解説を読んだら理解できた
×：解説を読んでも全く分からない
答え合わせの際に、テキストに○△×の印をつけましょう。
復習する必要があるのは、△の問題だけです。

×→○にするのではなく、△→○にすることを目指しましょう。

解説を読んでも理解できない問題については、時間をかけたところで効率が非常に悪いです。

例えば、算数の捨て問のような×の問題には、時間をかけるだけ無駄なので、潔く諦めましょう。

ただし、×の問題だからと言って、全てを捨てても良い訳ではありません。

基礎的なテキストや入試問題を解くうえで明らかに必要なものについては、解決する必要がありま す。その場合でも、可能な限り時間を使うことは避けてください。悩む時間に価値があるのではな く、理解することに価値があります。分からなかった問題は一つの紙にまとめておいて、次に塾に 行く際に先生に質問しに行きましょう。決して、自分で解決しようとしないでください。

入試は時間との戦いです。

完璧にしようと思わず、どんどん仕分けしていきましょう、

第二章　模試の復習

●模試の復習法

「模試は受けるだけではなく、復習が大事です！」とはどの塾でも言われていることでしょう。

その通りで、各塾が最新の入試傾向を踏まえて威信をかけて作っている問題です。毎年のように模試の的中を喧伝していることから分かるように、本番で出題される可能性のある問題です。それを復習しない手はありません。

では、どのように復習を進めたら良いのでしょうか？

以下の4ステップで進めましょう。

①　解くべき問題を明確にする
②　テキストに戻る
③　結果を分析する
④　次回までの目標と行動を決める

①　解くべき問題を明確にする

全ての問題を完璧に復習できることが理想ですが、それは現実的ではないですね。6年生にもなれば、通常授業の課題をこなすだけでも一苦労です。当然、優先順位をつけて復習する必要があります。

目安としては

・偏差値50以下の場合は正答率50％以上の問題を
・偏差値50の場合は正答率40％以上の問題を
・偏差値55の場合は正答率30％以上の問題を
・偏差値60以上の場合は正答率15％以上の問題を

重点的に復習すると良いでしょう。

点数の分布によって異なりますが、それぞれの偏差値帯でこの％の問題が全て取れれば偏差値は5ポイントは上がるはずです。

逆に、正答率が10％を切るようなものは捨て問なので、解説を読んで理解できなかったら諦めてください。塾の先生に聞いても良いですが、偏差値65以下で捨て問に拘っても、体系化した理解は難しいので時間の浪費になりがちです。

もちろん問題の性質によるもので一概には言えません。解決しないと落ちつかないとか、好奇心旺盛で聞きたい場合はその限りではないですが、拘り過ぎるのは止めましょう。

模試の復習は手段であり、効率良く偏差値を上げることが目的です。

② 復習をする

偏差値に応じた解くべき問題について、復習を行います。

知識や解法について周辺知識を含めてインプットしましょう。

例えば、鶴亀算の問題が解けなかったのなら、鶴亀算の類題を解いてみたり、足利尊氏が分からなかったのなら室町時代全体について教科書を読み返してみたりしましょう。

注意点としては時間をかけすぎないことです。

よく言われる、模試の間違い直しノートなどは作る必要はありません。

問題を切り貼りしたり、解説をまとめるだけでも膨大な時間がかかります。

また、模試の問題はその一問でしかないので、ノートに問題をまとめてもつながりがなく、体系的な理解は難しいです。
情報は分散するほど参照するのが億劫になるので、一元化するべきです。テキストに模試で出た問題の類題や知識が載っているはずです。該当部分に線を引いて補足情報を書き込めば十分です。

ノート作りが目的になってしまっては本末転倒です。

③ 結果を分析する

知識や解法について復習ができたら、次回の目標を立てるために模試を分析しましょう。
②と③の順番を逆にしているやり方もアリですが、個別の知識を復習してからの方が、全体的な問題点は掴みやすくなり、より良い分析ができます。

結果にも、偏差値なのか答案なのか、2通りの意味が存在します。
それぞれ説明していきます。

・偏差値

6年生ともなると、1回1回の模試の結果に一喜一憂したくなるものです。

しかし、模試の偏差値をそのまま当てはめて良いものでしょうか？

各教科2、3問落とすだけで50点は変化するわけです。1回を切り出しても、意味は薄いです。また大手の塾では、偏差値帯ごとの合格者数のリストが配られると思います。それを見ると驚くことに、偏差値50程度でも難関校に合格する生徒もいます。もちろん、統計的には落ちる確率の方が圧倒的に高いです。

しかし、問題には相性があります。

志望校のタイプによって捉え方は全く異なります。例えば、同じAタイプなのに点数が取れていない場合は気にしなければいけませんが、Aタイプを志望していてBタイプの模試で取れていない場合は気にする必要はありません。

また、模試の傾向によっても変わります。文法がほぼ出ない学校を志望しているのに、模試で大問まるまる文法の問題が出れば、当然偏差値は下がります。

とはいえ、点数が取れない原因にもよります。

国語であれば、本文が理解できないから解けないのはどのタイプであろうと危機的です。

逆に、本文は理解できるんだけど、志望校がAタイプだから記述問題で点数を落としている、Bタイプだから A タイプで落としているのであれば、偏差値をそのまま受けとる必要はありません。

表面的な模試の偏差値ではなく、その裏にある原因や、過去問・志望校別特訓の点数・これまでの偏差値の推移を見て判断しましょう。

・答案

同時に答案そのものについても、分析を行いましょう。

これは保護者の方がやるのではなく、**お子さんと一緒に考えることにしましょう。**

各科目に深い理解があるのなら、保護者の方が直接分析しても良いのですが現実的ではありません。

下手に教えても塾のやり方と違って混乱するだけです。

以下のように気づきを促せば十分です。

・どの分野がもっと取れると良かったかな〜

・ここはなんでミスしちゃったんだろうな〜

小学5年生の後期にもなれば、お子さん自身で十分に気づくことが可能です。

自分がどの分野が苦手なのか、どういう誤答の傾向があるのか、問いかけてあげましょう。

どうしても分からない問題が出てきたら、塾の質問教室に行けばＯＫです。

④ 次回までの目標と行動を決める

次のテストまでの達成可能な目標を決めましょう。

「達成可能な」というのがポイントです。

例えば、

・偏差値を5ポイント上げる
・小説文で点数を取る
・ケアレスミスを減らす

こういう目標は達成可能な目標とは言えないです。

「偏差値が5ポイント上がるかどうかは、模試の難易度や傾向、偏差値分布などの外部要因によります。「小説文で点数を取る」といったのも、どれくらい点数を取りたいのかが分かりません。ケアレスミスも気をつければ単純に減るものではありません。

良い目標とは

・国語の小説の記号問題で5問以上得点する

・理科の植物の分野で正答率50％以上の問題は全て得点する

のように、具体的で自分の努力により達成可能なものになります。
目標を決めたら具体的な計画に落とし込みましょう

・国語の記号問題で5問以上得点する
　次回の模試まで、授業で扱う間違えた記号問題の間違い直しを行う
　少しでも解き方を説明できない問題は、先生に質問する
　記号問題の解法集を3回読む
・理科の植物の分野で正答率50％以上の問題は全て得点する
　コアプラスの植物の分野を5周する
　6年生の〇番〜〇番テキストを復習する

四ステップ全て行い初めて、模試を振り返ったことになります。

くれぐれも「小説文が取れなかったから次は頑張ろう！」のような、感想に終わらないようにしましょう。

第三章　過去問の使い方

●過去問演習ではなく過去問研究

過去問の重要性については、言うまでもありません。

「同じ問題は出ないんだから、過去問を遡る意味はない！」という声を耳にします。全く理解できません。

確かに、単なる「過去問演習」では、点数は向上しづらいです。ただ目の前の1問を復習したところで同じ問題は出題されません。

しかし、**「過去問研究」であれば話は別です。**

同じ問題は出ませんが、同じパターンや頭の使い方が同じ問題は出題されます。

例えば、駒場東邦の国語は本文全体を踏まえた100字程度の記述が毎年出題されています。**年度が変わろうとも、答案の書き方の型や頭の使い方の本質は変わりません。**

ただ過去問を解くだけでは、形式慣れにしかなりません。


過去問研究ですから、国語や算数なら同じパターンの問題を、社会や理科の場合は、その周辺知識まで含め完璧にします。

きちんと研究を行えば、過去問研究を通じ、大幅な得点向上が見込めます。

また、国語や算数は過去問を解くことで自力も向上しやすく、遡ることは非常に有効です。


ここまでやるかは別として、**巷で言われている以上に、過去問の重要性は高いです。**

学校により、求められる能力は全く違います。

処理速度を求めてるのか、思考力を求めてるのかで、取るべき対策は変わります。

どうしても塾のテキストは標準的な問題に偏ってしまいます。1点を争う入試では、過去問研究の量が合否を分けます。

逆転合格で有名な某難関校専門塾は、4月から過去問演習を始め、10年分を3周するそうです。

特に、塾で冠クラスが設置されていない学校では、非常に重要です。塾の先生も「ここの分野が出やすいよ」程度のアドバイスになってしまいがちです。

ご家庭で過去問研究を進めましょう。

●過去問研究計画

まずはGW~夏休みに1年分解いてみて、自身と志望校の距離を把握することを推奨します。志望校の傾向や距離を把握するためなので、点数は気にする必要がありません。

ただし、塾のテキストで過去問を扱う場合もあるので、事前に講師に確認してください。下手に演習をすると、塾の演習で正しい点数を出せなくなります。


多くの場合、9月から本格的に過去問がスタートします。


さて、9月から始めた場合、1月まで約20週間あります。

週に1セット行うと仮定ると、解けるのは20セットです。

一例としては、以下のようになります。

第一志望×10年分、第二志望×6年分、併願校①×2年分、併願校②×2年分
前受け校や、より志望度の低い学校の過去問も解くとすると、実際は演習量はより少なくなります。

さらに特訓授業や模試が加われば、これの8掛けくらいになります。

多いと感じましたか？ 少ないと感じましたか？

私は非常に少ないと感じます。

半年と聞くと長く感じますが、解ける校数は意外と限られています。

本当に早く入試が訪れるので、進捗管理表を作り、計画を立てて進めなければ、全て解ききることは難しいです。

※進捗管理表は簡単な物で構いませんせん

・学校名
・年度、回数
・点数

の３点が分かれば問題ありません。

実際の過去問の進め方ですが、第一志望校とそれ以外で変わります。

第一志望は、直近2年分残して、新しい年度から遡ります。

「普通は古いものからやるんじゃないの？」と思う方も多いでしょう。

古ければ古いほど、最新の傾向から離れるので演習の優先順位は低下します。新しいものから研究を行うべきです。

そして、傾向が変わらない限り、ひたすら遡り続けましょう。

本当は最新年度からやりたいのですが、それだと不安になるので、直近2年分だけは気休めも兼ねて12月ごろまでは残しておきましょう。

併願校は、迷わず直近の年度から解き始めましょう。

理想は11月からですが、実際はそこまでスケジュールに余裕がないはずなので、12月から解き始めるのが現実的です。

一番よくある失敗が、過去問を取っておいて十分に解ききれないケースです。

その気持ちは分かりますが、併願校に割ける時間は限られます。

解ききれないのがオチです。

偏差値的に余裕で「直前に1、2年分解けば受かるだろう！」と高をくくっていたら、癖のある学校で思わぬ不合格を食らってしまうケースは毎年発生しています。

もし余裕ならそれで問題ないので、早めに一度は解いてみて、癖を把握しておきたいです。

「でも、不安だから過去問は取っておきたいし……」と思う方もいるかもしれません。

実際、直前期用に過去問を取っておくことを勧める講師も多いです。

少し考えてみましょう。

一般には以下の2点がメリットとして挙げられます。

①　直前まで演習教材が確保できる
②　本番での点数が予測できる

①　直前まで演習教材が確保できる

多くの塾では6年後期では、捌ききれないほどの課題を抱えているはずなので、やるものがないという事態はあまり起こりえません。

難関校であるほど、志望校別のプリントはクオリティが高く、出席している限り演習問題に不自由することはないはずです。

また、冠クラスが設置されていない学校でも、出題傾向が似ている学校は探せば見つかります。塾の先生に相談して教えて貰うと良いでしょう。

もし、それでも足りなければ模試があります。本番と変わらないレベルのクオリティで作られている模試も多くあります。

塾にもよりますが、演習教材がないと相談すれば、模試の過去問を提供してくれるはずです。

②　本番での点数が予測できる

模試の点数や塾の授業点から予想は可能です。

また過去問で何点取ろうと、本番の合否には全く意味がありません。

もし、1月末に過去問を解いて、合格最低点より20点低かったらどうするんでしょうか？

その学校の受験を諦めますか？

もし、合格最低点に満たなければ諦める覚悟があれば、取っておいても構いません。無謀な出願をする必要はないので、お子さんと話し合い、そのように取り決めるのも一つの戦略です。


でも、おそらく受けますよね。

だとしたら、取っておく意味は薄いです。

12月中には全て演習を終わらせているのが理想です。

1月は、これまでの過去問演習で浮き彫りになった苦手分野にのみ注力するべきです

・似た形式を用意できない場合
・過去問の点数で出願を決める場合

この2つの場合以外は、どんどん解き進めていって構いません。

例外的に、入試直前に学校と塾を両方休ませて、時間を大量に捻出する見通しがある場合は、取っ

ておくのも戦略です。
しかし、９月の時点でそこまで決め切るのは現実的ではないですね。

●成績を最大化する過去問研究法

次に実際の演習の進め方について見ていきましょう。

一般的な中学受験本では

- **拡大コピーして、本番と同じサイズの解答用紙を用意する**
- **休日を利用して、本番と同じスケジュールで行う**

こういった取り組みは書かれていますが、実際の進め方の手順までは書かれていません。
演習の際には以下の手順で行いましょう。

① 設問ごとの時間を決める

②　実際にかかった時間を記録する
③　解き終わらなかった問題を解く
④　解けた問題で気になった問題をもう一度考える
⑤　答え合わせをする

①　設問ごとの時間を決める

例えば、国語で60分の試験であれば

・最初の漢字や知識の問題に5分
・論説文は本文を読むのに10分
・問題を解くのに15分
・物語文の本文を読むのに10分
・問題を解くのに15分
・見直しに5分

設問ごとに時間配分を決めておきましょう。

このとき、本番より5分短い時間で解き終わることを目標にすると良いでしょう。

②実際にかかった時間を記録する

解く際に、自分がどの大問に何分かかったかを記録します。

過去問演習でよくあるパターンが、途中の問題で時間をかけすぎてしまい、最後は適当に解いてしまうことです。

実際の入試に向けて、飛ばすべき問題を見極めなければいけません。

どこで時間を使ったのかを把握することで、次回に向けた対策を立てることができますね。

③解き終わらなかった問題を解く

次に、解き終わった後ですが、完璧に時間内に解くことは難しいでしょう。

解き終わらなかった問題や、完成度がイマイチな問題があるはずです。

自分で解答を書いて模範解答との差分を検討することで国語の成績は伸びます。

過去問という最高の教材で、解かない問題があることは非常に勿体ないです。

④ 解けた問題で気になった問題をもう一度考える

制限時間が存在する以上、１００％の答案を作ることは難しいです。無理やり埋めた答案もあるでしょう。それをそのまま答え合わせしてしまっては、正確な模範解答との差分が分かりません。時間内に作った解答は残したままで、自分なりに完璧な答案を作ってみましょう。

⑤ 答え合わせをする

採点は、なるべく保護者が行いましょう。

なるべくと書いたのは、無理に保護者さんが行う必要がないからです。特に、反抗期の男子に無理に干渉すると不要な反発を生むので、嫌がる場合は自己採点に任せて構いません。

もしお子さんとの仲が良いのであれば、一緒に過去問を解いて点数を競っても良いでしょう。

採点で注意して欲しいのが、内容ベースで採点をすることです。

模試の採点などでは、模範解答をベースとして、要素①が模範解答と一致しているから＋３点、要素②が一致してるから＋２点という形で採点がされています。

塾にもよりますが、多くの場合採点するのはバイトです。機械的に採点せざるを得ません。

中学受験では聞きませんが、大学受験の某大手予備校だと大学生バイトが授業の間に内職して一枚何円とかで採点しているそうです。中学受験塾でも時給１２００円くらいのバイトです。大手塾の模試でも採点ミスは頻繁に起こっており、クオリティは押して知るべしです。（大量の答案を短期間で採点する以上、仕方のないことではありります）

しかし、本番では中学校の先生という国語の専門家が採点してくれます。機械的な採点ではなく、模範解答とは書き方が異なっていても高い点数を与えてくれることは多分にあります。

また、模範解答に納得できない場合には、複数の模範解答を参照するか塾の先生に質問しましょう。間違っていることも多々あるので、鵜呑みにする必要はありません。

ハードルが高いですが、その答案がどれだけ本文のテーマを捉えているかや、答案構成にまで目を向けて採点できると良いでしょう。

復習の仕方は模試と変わりません。

さらに間違い直しまでできれば、言うことはありませんね。

第三部

ケーススタディ：原因分析の思考

この章では、国語でよく相談される代表的な悩みについて回答しました。

ここで書かれていることは、あくまで具体例に過ぎません。

大事なのは、具体例を抽象化して、自身の勉強に役立てることです。

「○○すれば成績は上がります！」のような、無責任なアドバイスをする講師を散見しますが、それぞれのお子さんの個別具体の事情に応じて、適切な原因分析と処方を行うことが大切です。

信頼できる方がいるのであれば塾の先生に相談するのも有効ですが、頻度には限りがあります。なにより、一番お子さんの様子を間近に見ているのは親御さんです。ご家庭で悩みを解決できることがベストです。

今回は国語でよくある3つのQ＆Aを用意しました。私の学習カウンセリングにおける、原因分析の思考プロセスを体感し、ご家庭にて応用して頂ければと思います。

1：2択で間違えてしまう

「2択まで絞れてるのに、間違えてしまうんですよ。本当に勿体なくて〜」

みたいに相談されることが多いです。

「ここまで絞れているのに、なんで最後で間違えるの？」

という気持ちには共感します。

これも同じように分析してみましょう。

原因としては、大きく3パターン存在します。

①そもそも惜しくない
②選択肢の比較ができていない
③ひっかけパターンに騙される

①そもそも惜しくない

「2択まで絞れているから惜しい！」というのは本当でしょうか？

これは出題により、変化します。

簡単な例題を見ながら考えてみましょう。

太郎君は次郎君と遊んでいたせいで塾に遅刻しそうです。急いで塾に行こうとして、車にぶつかって骨折しました。
問：太郎君が骨折（こっせつ）した理由として最も適切なものを選びなさい。

①公園に行こうとしたから→×
②全速力で走って塾に行こうとしたから→×
③急いで塾に行こうとしたから。◯
④次郎君と遊んでいたから→ズレ

選択肢問題には間違いの程度に傾斜が付けられている場合が多いです。

この問題であれば①は速攻で消すことができます。

今回のように、４択問題で、明らかに×の問題が混ぜられていた場合には、実質的にはそれ以外の

3択になります。つまり、単純計算で66％の確率で正解が含まれた2択で悩むことになります。
それを惜しいというのは、変な話です。

難関校では、明らかに×の選択肢が含まれている場合は少なく、一つの選択肢を切るのにも繊細さが要求される問題が出題されます。
そういった場合には、2択は惜しいと言えるのかもしれません。

しかし、本当の意味で惜しいと言うのであれば、必要な手順を全て追って、順序通りに選択肢を切って、最後の2択で悩むべきポイントで間違えて初めて惜しいと言えると私は思います。

惜しくもなく、単なる実力不足であることを認めなければいけないかもしれません。

② 選択肢の違いを見極められていない

選択肢問題では「**最も適切なものを**」選ぶように指示されます。
最も適切ではなくても、まぁまぁ適切な選択肢というのも存在する訳です。

本文と見比べることばかりに意識がいってしまいがちですが、悩んでいるのなら、選択肢を比べて

考えるべきです。

本文との比較ばかりで、選択肢同士を比べなければ、まぁまぁ適切な選択肢を選んでしまいます。当たり前のことですが、意外とできていません。

対策としては、毎回選択肢を区切ってそれぞれを比較することです。

例えば、以下のように区切って、○×△で印をつけます。

一例を見てみましょう。

アフリカでは、爆発的にスマートフォンが普及しています。固定電話が普及していない状態でスマートフォンが導入されたからです。先進国は元々固定電話があったため電話機能自体は事足りており、スマートフォンの導入に抵抗がありました。一方、新興国には固定電話がないため、リプレイスへの抵抗がなく、いきなりスマホを導入することが可能です。

このような一般的な発展の過程を飛ばした発展を、リープフロッグ型発展と呼びます。

問：本文の内容に最もふさわしいものを選びなさい。

選択肢を見てみましょう。

ア：リープフロッグ型発展とは○／社会インフラが整備されていない新興国において○／新しいサービスが先進国が歩んできた過程を飛ばして○／一気に広がることである。○
↓完全に正解

イ：リープフロッグ型発展とは○／社会インフラが整備されていない新興国において○／新しいサービスが先進国が歩んできたような過程をたどることができず✕／なかなか広がらないことである。✕
↓✕の部分が逆

ウ：リープフロッグ型発展とは○／社会インフラが整備されていないアフリカにおいて△／新しいサービスが先進国が歩んできた過程を飛ばして○／一気に広がることである。○
↓△の部分がアフリカだけとは限らず、新興国全般に言える

ウのような選択肢は間違ってはいません。アフリカの発展に当てはまることは多いです。しかし、アフリカは具体例に過ぎず、新興国全般とした方が適切です。こういう選択肢は、比較しないと非常に分かりづらいです。

注意点としては、△の選択肢でも正解になるということです。

「**最も適切な**」選択肢を選ぶように指示されている訳なので、正解は相対的に決まります。例えば、今回であればアの選択肢が×であれば、ウが相対的に正解になります。

迷ったら○の数、△の数をカウントして決めましょう。

ただし、難関校を除けば、△の選択肢同士で絞らせる問題は少ないです。

国語が苦手なお子さんの場合、△だらけになってしまうこともあります。

本当は△ではなく○や×の選択肢ではないか、常に疑うようにしましょう。

③ ひっかけパターンに騙される

選択肢問題には頻出のひっかけパターンが存在します。

指導をしていると、これを意識しないがために、間違えている受験生を散見します。

この場合の多くは、講師の問題です。

その1問の解き方を教えても、体系的に選択問題の解き方を教えてくれていないのが原因です。生徒さんは悪くありません。

せっかくなので、頻出の３パターンを押さえましょう。

・極端な選択肢

これは非常に有名です。

「日本人は謙虚さを兼ね備えている」は成り立ちますが、「日本人は絶対に謙虚さを兼ね備えている」と書いた瞬間にウソになります。

世の中を見渡せば謙虚でない日本人もたくさん存在します。

「絶対に」「みんな」「すべて」がついた選択肢はひっかけパターンだから気をつけてね、とはよく指導されます。

ただ、**これを逆手にとってあえて、極端な言葉を入れてくる場合もあるので注意が必要です。**

例えば「人間にとって空気は必要である。」は成り立ちますし、「人間にとって絶対に空気は必要である」も成り立ちます。

・異なる選択肢

これは一番簡単です。

本文に書いていないことや、明らかに違うことが書かれているわけです。時系列の異なり、内容の異なり、気持ちのズレなどいろいろとパターンはありますが本文と照らし合わせてあげれば解くことが可能です。

・内容は合っているけど、問題に「適切に」答えていない

これが一番ひっかかりやすいです。

適切にというのがポイントですね。

内容的に合っているのだけど設問の指示に沿っていなかったり、微妙に要素が抜けている場合が該当します。

受験生は答えらしき選択肢を見つけると、つい飛びついてしまうんですよね。


先ほど出てきた問題を見てみましょう。

> 太郎君は次郎君と遊んでいたせいで塾に遅刻しそうです。急いで塾に行こうとして、車にぶつかって骨折しました。
>
> 問：なぜ太郎は骨折(こっせつ)をしたのですか？　最も適切なものを選びなさい。

①公園に行こうとしたから→×

②全速力で走って塾に行こうとしたから↓×
③急いで塾に行こうとしたから。◯
④次郎君と遊んでいたから↓ズレ

④の選択肢は確かに本文に書かれていますが、間接的な理由で直接的な答えにはなっていません。

対策としては、**過去問を解いて、志望校がどういうひっかけ方をするか確認することです。**渋幕や聖光はこの手のひっかけが好きです。

過去問を解き続けていると、またこのひっかけかと分かるようになります。

自分なりに答案を分析して、苦手なパターンを把握するようにしてください。

2：ケアレスミスが多い

「解き方は合っているのに、いつも途中で間違えてしまうんです。」

こういう場合には

「注意して計算しなさい！」

といくら言ったとて、無意味です。

子どもだって、次は気をつけようと思います。

気をつけているけどできない根本原因を探らなくては解決にはつながりません。

以下の4点が想定できます。

① そもそも実力不足

まず、それが本当にケアレスミスと言えるものなのかを疑いましょう。

ケアレスミスと言うと、あたかも、実力的には問題がないのに、不運なため点数を落としたかのように聞こえてしまいます。

100回に1回間違えるなら、そのように言っても問題ないでしょう。

しかし、2回に1回間違えるのであれば、それはただの実力不足です。

もし、実力不足なのであれば、まずは基礎的な力を養うことから始めましょう。

算数であれば基本的な計算練習から、国語であればそもそも正しい漢字や言葉を知るところから始めましょう。

②精神的な問題

・やる気がない
・極端な苦手意識
・極度のプレッシャーからの焦り

こういった場合には、具体的な改善策を追求したところで苦しい思いをさせてしまうだけです。

根本原因が何かを考えて時間をかけて解決しましょう。

これは、家庭によるので一括りに語ることはできません。

親子関係に問題がある場合もあれば、塾で問題がある場合もあります。

学校や塾の先生、家庭教師など身近な第三者に相談してみることを勧めます。

ポイントとしては、相談する場合には、本当に悩んでいて、率直に思ったことを教えて欲しいと言い添えることです。

家庭教師をしていると、たまにモラハラ傾向の強いご家庭と出会います。

「これは勉強を教える前に、家庭環境をどうにかしないとな」と思ったとしても、「おたくの教育方針に問題があります。」とは言えません。半年程度時間をかけて、信頼関係を築いてから少しずつ介入していきますが、本当に気を使います。

学校や塾であれば尚更です。自分で家庭教師をしている分には契約を打ち切られるだけですが、先生もサラリーマンです。クレームが入ると、考査にも響くし、釈明が求められます。

本気で問題点を見つけたいし、改善したいという気持ちを伝えないと無難な解答に終始してしまいます。


どんな場合にも共通して言える対策としては、勉強に対する自己肯定感を高めることです。

自分が得意だと思えれば精神的な余裕も生まれ、自然とミスも減ります。

それには、小さな成功体験を積み重ねるしかありません。

まずは、日々の小テストや範囲の決まった小さな模試で点数を取ることから始めましょう。

③ 立ち止まらない

実力不足ではない場合も考えてみましょう。

第一に思いついたまま、書き始めてしまっていることが挙げられます。

国語の記述を書く時の、子どもの頭の中を考えてみましょう。

まず、設問文を見て、聞かれていることを把握します。
(今回は太郎の行動と理由を聞かれてるんだな！)
次に、本文を見て該当箇所を探します。
(あった！これ書けば良いんだ!!)
(簡単に見つかった！ラッキー)
そして、解答を書き始めます。
(本文をつなぎ合わせてっと。この問題、ほとんど本文を写すだけじゃん)
(よし書けた！次行こ！)

ミスの多い生徒の多くは、このように考えて解いています。

では、ミスが少ない生徒の考え方を見てみましょう。

まず、設問文を見て、聞かれていることを把握します。
(今回は太郎の行動と理由を聞かれてるんだな！)
次に、本文を見て該当箇所を探します。

（あった！　これ書けば良いんだ!!）
（他に要素がないかも探してみよう）
（要素が揃ったから、箇条書きでメモだけでも作っておこう）
そして、解答を書き始めます
（本文をつなぎ合わせてっと。この問題、ほとんど本文を写すだけじゃん）
（よし書けた！　心の中で音読してみたけど、日本語も大丈夫そう！　次行こ！）

この違いは解答にすぐに飛びついてしまうかどうかです。

解答に使えそうな要素を見つけるとつい嬉しくなって、そのまま書き始めてしまいます。

でも、そこで一歩踏みとどまることができるかが分かれ目です。


第二に、方針を立てて解き始められるかです。

メモ書きを作らなくても良いです。大まかなイメージだけでも良いです。

どんな答案になるのか方針を立ててから、書き始めてください。

解答要素が揃った勢いにまかせて書いてしまうと、ミスをしやすくなります。


よく、字が汚いから間違えると指摘する方が多いようですが私は違うと思います。

字が汚くてもミスが少ない子が多くいます。

中学受験レベルでは、字が汚いことが弊害になるほど情報量は多くありません。方針さえ立てれば、字が汚くても答案作成は可能です。

④ 工夫が足りない

当然するべき作業をしていなくて、ミスが多いというのはナンセンスです。


例えば、問題文に線を引いてないのに「聞かれてることを把握し間違えていました。」という場合には、線を引く以上の解決策はありません。

まずは当然にやるべきことをやってください。

それでも、ミスが減らないという場合を考えましょう。


例えば、それでも聞かれていることに答えていない場合を考えてみます。

「問題文に線を引いてるのに直りません」

確かに線を引くのは素晴らしいですが、もう少し工夫をしましょう。

例えば、聞かれている箇所を線ではなく○で囲むとか、指さし確認をするとか、それでもだめなら心の中で音読しても良いです。どの方法も10秒もかかりません。言われたことだけやるのではなく頭を使いましょう。


工夫の仕方に正解は存在しません。

自分が一番間違えやすいポイントに対して、ケースバイケースでアプローチするものです。


ここまで全て試して頂ければ、格段に改善するはずです。

しかし、それでもゼロにはなりません。

最後は諦めましょう。


無責任なように思えるかもしれません。

しかし、上記の工夫を全てしても間違えるのは、脳の処理能力の問題です。

ミスをしやすい人間とそうでない人間は、どうしても存在します。

それは、人の特性として仕方のないことです。

問題に慣れることと、間違いのパターンの分析を地道に繰り返すしかありません。

自分の子どもだけが間違えるのではなく、他の子どももミスを犯しています。

むしろ、必要以上に神経質になることのデメリットの方が大きい場合が多いと感じます。

3：時間が足りない

国語の相談でよくあるのが「時間が足りなくて終わらない！」というものです。

一般的には「時間配分を意識しましょう」というアドバイスがなされています。しかし、それは時間が足りないという、表面的な部分しか見ておらず、一つの具体例に過ぎません。

他にも「読書して、読むスピードを上げよう！」というものもあります。もちろん、一定の効果はあると思いますが、塾通いをしてる小学生に「読書しよう」と薦めるのは、なかなかに非現実的だと感じます。

当然、そんな時間はないでしょうし「読書をしよ！」と言ったら、明日から喜び勇んで本を読み始めるんでしょうか。随分と勤勉な小学生ですね。

私からは、もう少しためになるアドバイスをしようと思います。

・本文を読むのが遅い場合
・問題を解くのが遅い場合

この2つの場合があり、さらに6つの原因が想定できます。

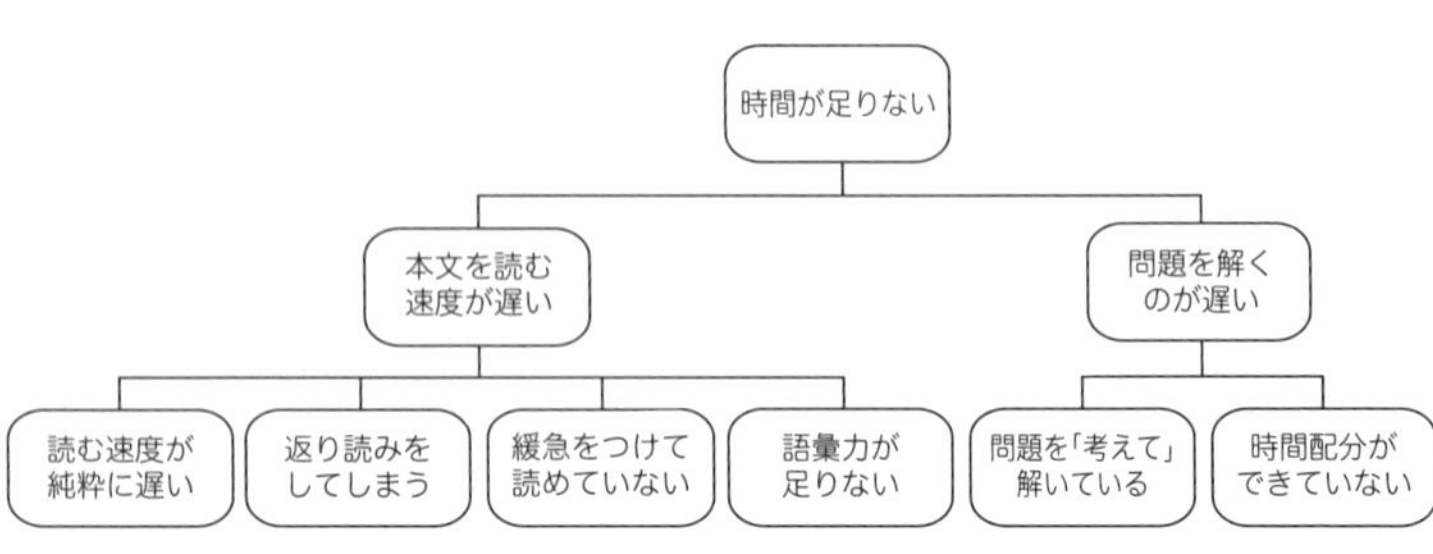

少し複雑なので、分析のプロセスのチャートを上に載せました。
これを見て、全体感を把握してから、読み進めてください。

パターン① 本文を読む速度が遅い

読む速度が純粋に遅い

これは読み慣れるしかありませんが、対策としては音読が有効です。続けることで、言葉をより大きな塊で捉えられるようになるので、読解スピードが速くなります。目標時間を設定して音読するのも良いでしょう。

また、音読によりテーマが記憶に定着しやすくなるので「予定調和」に対しても、理解が深まります。

返り読みをしてしまう

読み終えたんだけど、内容が頭に入っていないと、問題を解くときに一から理解しなおさなければいけなくなります。

これには2つ原因があります。一つ目が純粋にテーマへの理解が不足している場合です。経験値を積み、テーマへの理解を深めるしかないので、仕方ありません。このパターンは少ないです。小5からいきなり塾に入ったような生徒を除けば、小学生の知識量にはそこまで差がないからです。どちらかと言うと、返り読みの原因は重要な部分を読めておらず、理解ができていないからです。

緩急をつけて読めていない

枝葉末節に拘って読んでしまうお子さんが多いんです。

特に論説文において顕著です。論説文では、抽象（主張・まとめ）と具体（例）の繰り返しの関係になっています。当然ながら、筆者が主張したいことは抽象部分であり、具体は抽象部分を分かりやすくするために書かれています。問題で聞かれるのも抽象部分がメインです。

抽象部分で内容が理解できるのであれば、具体部分の読解に時間を使う必要はありません。具体の部分で難しい言葉が出てきても考えるのは時間の無駄です。抽象と具体の部分で緩急をつけて読むことを意識しましょう。

語彙が足りない

言葉が分からないため、理解に時間がかかってしまう場合です。これについては、普段から勉強するしかありません。日々語彙の勉強をすることと、出てきた言葉を一つずつ覚えることに尽きます。

魔法のような方法はありません。

部首や漢字の元の意味から、熟語の意味を推測することを意識するのは有効です。

パターン② 問題を解くのが遅い

問題を「考えて」解いてる

もちろん、一部の難関校の問題では、じっくりと頭をつかって考えさせる問題はあります。しかし、ほとんどの入試問題はパターンに分類して、当てはめることができます。毎回の演習で、解答パターンにカテゴライズすることで、問題を解くスピードは圧倒的に早くなります。国語は文学的な才能ではなく、処理能力と論理性を問う科目です。

時間配分ができていない

時間を割くべき設問とそうでない設問の区別ができていません。

一番よくあるのが、抜き出し問題や序盤の問題に時間をかけすぎている場合です。抜き出し問題は2分考えて見つからなければ、8割方見つからないので、諦めましょう。また序盤の問題も、国語は満点を取る科目ではないので、8割程度の完成度の答案が書けたら次に進みましょう。時間が余れば、戻って解けば良いだけです。

寄稿：東大受験まで使える国語力（M・T）

最大手の中学受験塾の現役講師でもあるM・T先生に寄稿をお願いしました。在職中のため、残念ながら本名は出せません。東京大学出身であり、頭の良さや国語への造詣の深さもさることながら、誰よりも分かりやすく面白い授業を展開してくれる先生です。

国語は特殊な科目で、他教科のように「単元」が存在しない。もちろん、細かい話をすれば、小説・論説・随筆など問題文のジャンルの違いや、読解・知識など問題の性質に違いはある。しかし、国語の基本が「本文を読んで聞かれていることに答える」ことであるというのは、小学校低学年の「こくご」から東大二次試験「国語」まで変わらない。

私は大学生時代に大手塾の東大コースにて国語答案の添削指導にあたっていたが、面白いことに、東大受験生がよく減点されるポイントは、現在小学生に日々伝えているポイントと大差なかった。簡単に具体例を述べると、２０１０年の東大国語の漢文の問題で、主人公が大泣きした理由を問う設問がある。これに対して、「（主人公の飼っていた）オウムが主人公を責める発言をしたから」と、事実だけを述べる解答が、東大受験生にもかかわらずなんと多いことか。これは要素不足で減点となる。小学生向けの言葉で指摘するならば、「泣く」という行動の理由には必ず「気持ち」を入れなければ、どのような涙なのかがわからない（悲しい涙、悔し涙、うれし涙など）ということである。ちなみに模範解答としては、実際にはオウムの発言内容を具体化する必要があるものの、「オウムが自分を責める発言をしたことで、強い後悔と罪悪感に襲われたから」などとすることで、「中し訳なさ・懺悔の涙」であることを説明しなければならない。これは、中学受験の記述でもよくある要素の抜け漏れであり、登場人物の行動の理由に気持ちを書けるようにする訓練は、おそらくどの受験生もするはずだ。つまり、小学生の時点での国語の勉強が、少なくとも大学受験まで活きることがお分かりいただけると思う。

だからこそ、国語ができることは一生ものの財産になる。小学生の時期に正しい「読み方」と「解き方」を身につけることが出来たら、よほどその後の知識の習得をサボらない限り、国語の成績は安定するだろう。よく国語は、短期間の学習で成績が上がりにくいという一点で、コスパが悪いなどと言われる。しかし、長期的な視点に立てば、国語ほど投資した時間のリターンが長期間にわたる科目はないだろう。

国語という科目の普遍性に関連した話をもう一つ。国語では本文に必ず線を引くように指導される。本書でも、論説文・小説文・随筆文ごとに線を引くべき重要な点が解説されているので、ぜひ確認されたい。ともかく、読解において本文への線引きは不可欠なのだが、おそらく毎度の授業でそう指導されているにもかかわらず、一種の反抗心とも言うべき頑なさで本文に一切の書き込みをしない生徒が一定数いる。特に、小学校4年生くらいまでに遭遇する文章は比較的平易なものも多く、線引きを軽んじる生徒も多い。なかには、「線を引かなくても本文内容はわかるのに、なぜ先生は口うるさく線を引けというのか、自分を子ども扱いするな」と言わんばかりに不満げな表情を浮かべる生徒もいる。そんな時に、私は必ず以下の話をする。

「本文に線を引くのは、決して皆さんが小学生だから読解力が未熟で、それを補う必要があるからではない。むしろ逆である。中学、高校、大学受験はもちろん、社会人になってからも使う文章読解の基本を、まだ文章が簡単に感じる小学生のうちに習得しようという話なのだ。」

このように、やみくもに学習を強いるのではなく、国語の地力をつけることが長期にわたって身を助く一芸となることを訴えると、はっとしたように真剣に取り組み始める生徒もいる。

とはいえ、人間は生来の性として、長期的なメリットよりも目の前の楽を選んでしまうものなので、いかに国語の勉強が現在から将来においてずっと役に立つといっても、自分を律して学習に向かうことは難しい。比較的勉強熱心で、自ら机に向かうことができる子どもでも、「できる」「わかる」という感覚を明確に得にくい国語の学習には消極的なケースも多い。よって、保護者の方が国語の重要性を理解した上で、我流で不安定な読解からお子さんを脱却させてあげることが非常に大切であることを、まずお伝えしたい。

国語という科目の重要性、そして保護者の方のサポートの必要性に次いで申し上げたいのは、国語の読解法の基礎とその教え方について、必ず本書のような専門書を頼ってほしいということだ。

理由は大きく二つある。まず、国語は、「問題を解ける（選択肢問題であれば正しい記号を選べる、記述であればおおむね模範解答通りの文章を書く）こと」と、それを「教えること」に必要な能力が大きく異なるからだ。正確に言えば、教えられるほど明確な論理を持っていなくても解けることもあれば、その問題だけにしか使えない汎用性の低い論理、あるいはそもそもまるっきり誤った論理であっても正解にたどり着けてしまうことがある。国語の勉強をほとんどしていないのに、ある程度は出来てしまう人が一定数いるのもこれと同じ話だ。しかし、ひとたび国語を教える立場になると、曖昧な論理では教える側も教えられる側も困ることになる。もちろん、他教科においても、問題が解けることと上手く教えられることとは別物であるが、それは少なくとも「どう教えるか(How to teach)」が難しいからである。重要なことなので繰り返し述べるが、国語はそもそも「何を教えるのか(What to teach)」が難しいのだ。特に、保護者の方にとっては小学生の国語の問題など簡単すぎるせいで、むしろ解き方を言語化することに苦労することもあるだろう。「解く」ことのハードルが低い分、「教える」ことが難しい教科、それが国語だと考えていただきたい。

第二の理由として、国語の場合、模範解答が指導をする際に役に立たないからだ。模範解答にはほとんどの場合、解答のみが記載されている。しかし言うまでもなく、国語の指導で教えるべきは答えではなく、解き方である。ゆえに、結局模範解答は指導には役立たない。模試や問題集には、一応問題の解説がついていることもあるが、これにも注意が必要である。なぜなら、多くの解説が「本文の○行目に~と書いてあるので、正解はア」と、解答の直接的根拠を述べる形をとっているからだ。しかし、真に子どもに教えるべきは、「どのように解答の根拠となる部分を見つけるか」である。この問いに答えるためには、やはり、指導者が模範解答ありきでなく、問い起点の解答作成の論理を身につけていなくてはならない。

以上の理由から、国語が苦手あるいは普通だった保護者の方はもちろん、ご自身が得意だったと自負している方にも、ぜひ専門書を手に取り国語の解き方の言語化を体感してほしい。

前置きが長くなってしまったが、そのために役立つのが中学受験国語の解法と指導方法を知り尽くした神谷先生の書かれた本書である。

日々の授業、家庭学習、模試の復習など、どの勉強においても、目の前の特定の一問の解き方を学ぼうとしていては、国語の学力は伸びない。同じ問題は二度と出ないのだから、目の前の一問を通して、汎用性の高い学びを得ることが不可欠である。それが一般的には「解法」と呼ばれるものだ。しかし、いかんせんこれは算数のように明確な思考の順番があったり、途中式に表せたりするものではないので、わかりやすく説明するにはかなりの腕が必要となる。神谷先生が他に類を見ないほど上手なのは、その解法の体系的な整理と、ひとつひとつの言語化である。国語の基本である具体と抽象を、まず神谷先生自身が手本のように上手く使いこなされているので、本書は一冊の読み物としても美しい構成や内容となっている。その上で、文章問題の読み方・解き方についてはもちろん、塾講師と家庭教師のご経験を活かしたよりマクロな視点の勉強アドバイスも多分に含まれている。

また、本書の著者の神谷先生は、生徒目線に立って日々熱量ある授業をなさるだけではなく、保護者の方の立場に寄り添った情報を精力的に発信されている。特に、子どもを一人の人間として尊重し、一方的に指導するのではなく伴走するコーチング指導については、中学受験に臨む保護者の方全員にぜひ読んでいただきたいと思う。内容についてあえて厳しい言い方をすれば、読んだことで劇的に子どもの成績が上がる特効薬では、決してない。しかし、中学受験の過酷さに疲弊し、子どもの成績を上げるために必死になっている保護者の方こそ、足を止めて読む価値があるものである。さらには、国語指導に悩んでいる塾講師や家庭教師などの同業の方にも、ぜひ学び直しの第一歩としてお選びいただきたいと思う。そして、一人でも多くの中学受験生が国語に対する苦手意識をなくし、自分が幸せになるための中学受験ができることを切に願う。

■あとがき

自身の受験生時代から、国語の指導法には疑問を感じていました。

特に「ここの部分に書いてあるから、答えはこれ！」と指導する講師の多さに辟易としていたものです。「答えの場所ではなくて、答えを導く方法を教えてくれよ！」と心の中で叫んでいました。

巷では、原理原則を疎かにした答えありきの授業や、テクニック偏重の授業がなされています。

国語において初歩の初歩の内容である「主語」について考えてみましょう。

「主語とは何か？」と質問すると、少なくない生徒が「は・が・もで終わるもの！」と答えます。

全然違います。これは判断のテクニックであって「主語とは何か」の説明には一切なっていません。

「魚とは何か？」と聞かれて、「釣り竿で釣れるもの！」と答えているのと変わりません。答えは「水中にすみ、えらで呼吸し、ヒレで運動する脊椎動物」になります。「主語とは何か？」の答えは、文の主役です。当たり前の話ですが、この原理原則を本当の意味で理解している生徒は少ないです。

さて「みんなで海に行く」の主語は何になるでしょうか。ここで多くの生徒が「みんなで」だと答えます。保護者の方でも、そのように思った方がいるのではないでしょうか。

答えは主語なしです。意地悪な聞き方ではありますが、原理原則を理解していれば簡単にわかる問題です。主語とは、そもそも文の主役です。

もし「みんな」が主役になるのであれば、「みんなが海に行く」になります。「みんなで」の背後には、主語（私・彼・彼女）が省略されています。そう考えれば、主語なしが答えになるはずです。

限られた時間で問題を解く以上、テクニックは大切ですが原理原則の理解を疎かにしては本末転倒です。特に国語は算数と比べて解法の数は少ないため、深いレベルの理解が求められます。ぜひ、お子さんに教える際には表面的な話ではなく「なぜそうなるのか」まで踏み込んで教えてあげてください。本書はその一助となるはずです。

「来月には原稿を書き終えます！」と何度も言いながら、一向に書き終えずエール出版には大変ご迷惑をおかけしました。出版の機会を頂き、ありがとうございます。

執筆にあたりM・T先生にはご尽力を賜りました。ありがとうございます。M・T先生の国語力にはいつも驚かされます。

今まで自分に関わってくれた、生徒と保護者の皆さん、本当にありがとうございます。少しでも良い指導ができるよう、これからも研鑽を続けて参ります。

この本に書いてあることを全て実践することは難しいと思います。

完璧ではなくても良いから、少しでも良いから、前に進もうとする気持ちが大切です。

ここに書いてあることが絶対の正解だとも、全ての人に当てはまるとも思いません。勉強法は人それぞれです。自分に合いそうなものを探して実践してみてください。

本書が少しでも皆さんの成績向上に役立つことを祈っております。

■著者プロフィール■

神谷璃玖（かみや・りく）

東京都在住。プロ棋士に憧れ、中高時代は囲碁に心血を注ぐ。才能の限界を感じ、高校三年生で一念発起して勉強を開始し、慶應義塾大学に進学。在学中より一貫して国語指導に携わる。家庭教師・高校受験塾・SAPIX 小学部国語科を経て、現在は中学受験国語専門塾カタリスの代表を務める。御三家などの難関校を中心に合格者を輩出。座右の銘は涓滴（けんてき）。
徹底的にフィーリングを排した、原理原則と論理を重視した指導に定評がある。
Twitter アカウント（@kamiya_kokugo）にて、中学受験国語や勉強法について発信。
HP は「中学受験国語　カタリス」にて検索。
http://kokugo-catalys.com/

中学受験国語
試験で点数を取るための勉強法

2023 年 6 月 5 日　初版第 1 刷発行

著　者　神谷璃玖
編集人　清水智則　発行所　エール出版社
〒 101-0052　東京都千代田区神田小川町 2-12
信愛ビル 4 F
e-mail　edit@yell-books.com
電　話　03(3291)0306
FAX　03(3291)0310

乱丁・落丁本はおとりかえいたします。
＊定価はカバーに表示してあります。

ISBN978-4-7539-3544-4